版权声明

The Early Education Leader's Guide

Program Leadership and Professional Learning for the 21st Century

幼儿教育领导者手册

——如何促进教师的专业发展

[美] 诺妮·K. 勒索克斯（Nonie K. Lesaux）
斯蒂芬妮·M. 琼斯（Stephanie M. Jones）
安妮·康纳斯（Annie Connors）
罗宾·凯恩（Robin Kane） 著

冯婉桢 等 译

中国轻工业出版社

图书在版编目(CIP)数据

幼儿教育领导者手册：如何促进教师的专业发展／(美)诺妮·K. 勒索克斯(Nonie K. Lesaux)等著；冯婉桢等译. —北京：中国轻工业出版社，2022.2(2024.5重印)

ISBN 978-7-5184-3714-6

Ⅰ. ①幼…　Ⅱ. ①诺…②冯…　Ⅲ. ①幼教人员-师资培养-手册　Ⅳ. ①G615-62

中国版本图书馆CIP数据核字(2021)第227907号

责任编辑：张天怡　　责任终审：张乃柬

策划编辑：张天怡　　责任校对：刘志颖　　责任监印：吴维斌

出版发行：中国轻工业出版社（北京鲁谷东街5号，邮编：100040）

印　　刷：三河市鑫金马印装有限公司

经　　销：各地新华书店

版　　次：2024年5月第1版第3次印刷

开　　本：710×1000　1/16　印张：11.75

字　　数：100千字

书　　号：ISBN 978-7-5184-3714-6　定价：48.00元

读者热线：010-65181109

发行电话：010-85119832　010-85119912

网　　址：http://www.chlip.com.cn　http://www.wqedu.com

电子信箱：1012305542@qq.com

240664Y1C103ZYW

译者序

提供高质量的学前教育，大力促进幼儿教师的专业发展，是世界各国学前教育发展的共同目标与一致方向。那么，幼儿教师的专业发展内容与策略应该是怎样的？幼儿教育领导者又应该如何组织与支持幼儿教师的专业学习呢？这两个问题是本书所关注的核心问题。

本书吸收幼儿学习与发展科学和成人学习与发展科学两方面的内容，立足于作者与幼儿教育机构3年的项目合作经验，提出了一种新的专业发展模式。该模式以幼儿教育机构为本，紧紧围绕班级活动现场展开，着力提升幼儿教师的核心能力，认为幼儿教师的核心能力包括发挥执行功能、有效调节情绪、培养良好的人际关系、对话学习与班级管理。为促进和支持幼儿教师的专业发展，幼儿教育领导者应设计有效的教师专业发展计划，组建专业学习共同体开展有效的集体学习，提供关联式辅导，并按照五步学习循环来设计和组织教师的专业学习。

从标题来看，本书旨在为幼儿教育领导者提供指南，帮助教育领导者计划和组织教师专业学习活动，以促进教师的专业发展，提高幼儿教育机构的教育质量。可以说，本书很好地回应了当前我国学前教育机构管理者的学习需求。“十四五”时期，我国学前教育发展的重点任务之一是加强教师队伍建设，促进教师专业发展，以提高学前教育质量。各学前教育机构如何立足于本机构实际，制订系统的教师专业学习计划，切实提升教师的专业能力，并给教育质量提升以有效的帮助，是包括幼儿园园长在内的广大学前教育机构管理者关切的问题。本书提供的专业发展模式，尤其是第二部分内容，能够为我国学前教育管理者的探索带来一定的启发。

在面向学前教育管理者的同时，本书对幼儿教师自身的专业学习与成长也十分有益。本书第一部分提出了教师的核心能力，分析了教师核心能力的表现，及其对幼儿的影响。同时，本书给出了提升教师核心能力的策略，教师在班级活动开展过程中可以直接采用。另外，书中呈现了大量直观的图表工具，支持教师运用能力提升策略，实现专业成长。

本书共 9 章，其中第 1 章为全书导言，第 9 章为全书结语。第一部分包括第 2、3、4、5 章，每一章分别介绍了教师的一种核心能力；第二部分包括第 6、7、8 章，讨论了领导者如何通过专业发展活动来培养教师的核心能力；第三部分为第 9 章，在总结前两部分内容的基础上，进一步说明了教师专业学习活动的安排，并指出促进教师专业发展中可能遇到的障碍。

本书的翻译出版是团队合作的结果，团队人员有冯婉桢、孙晗月、王倩、吕源、孙想和席晋阳。在翻译过程中，团队采用共同翻译和分工翻译相结合的办法，遵循了研讨并确定核心概念与结构框架—共同翻译部分章节内容—讨论并解决难点问题—分工翻译部分章节内容—两轮次轮换校对—多轮次统稿校对的工作顺序。每名团队成员都热情投入，且认真负责，希望通过自己的翻译工作增进大家对幼儿教师专业发展的认识。团队在翻译中努力做到忠实于原文和准确使用学前教育专业术语，并尽可能使语言表达符合中文表达习惯。但由于中美文化背景的差异，译文中难免有晦涩之处，恳请读者批评指正！

最后，感谢中国轻工业出版社“万千教育”编辑部的张天怡编辑对我们团队的信任，邀请我们翻译本书。而且，张编辑在书籍的策划、编校和沟通过程中认真细致，给书籍的出版提供了大量的帮助！

冯婉桢

2021 年 7 月 28 日

致谢

随着改善和扩大所有儿童正规学习机会的需要越发迫切，一个新的幼儿教育世界到来了。美国各州、社区和学区正在制订学前教育计划以及自出生到小学三年级的发展路径，他们尤其关注以研究 – 实践关系为基础的科学指导。

写这本书的灵感来自当今的教育现状和多年的合作——书中我们设计了一种方法来建构幼儿教师的核心能力，研究表明，这对于创造促进幼儿学习和发展的学习环境与机会至关重要。通过合作，我们开始理解为肩负日常学习和发展重任的成人提供支持所面临的挑战，也看到了支持这些成人的可能性，以及这对幼儿教育的有效领导意味着什么。

在本书付梓之际，我们要感谢许多人的合作与支持以及在共同努力中的投入。朱莉·拉斯·哈里斯（Julie Russ Harris）连续多年与我们合作。在合作的机构里，她是一名受人尊敬的引导者。作为观察者，她密切观察儿童和日常实践中的细微差别。在研究小组中，她领导了很多研究工作，调查与儿童早期学习和发展相关的成人实践活动，并参与了本书初稿的编写。丽贝卡·吉文斯·罗兰（Rebecca Givens Rolland）早年担任过类似的工作，是一位值得信赖的引导者和研究者。美国斯普林菲尔德公立学校（Springfield Public Schools）的劳拉·门德斯（Laura Mendes）多年来一直在该领域为我们提供思想上的帮助。也要感谢许多我们有机会与之合作的中心主任和教师。在哈佛大学教育研究院（Harvard Graduate School of Education）的语言多样性和读写能力发展研究小组（Language Diversity and Literacy Development research group）以及社会情感学习生态法实验室（Ecological Approaches to Social Emotional Learning Laboratory），我们得到了很多同事的支持，在此向每一位激发我们思考和推动我们工作的合作者表示感谢。同时，还要感谢 MG · 普雷齐奥索（MG Prezioso）为本书的出版所付出的努力。

最后，我们要将本书献给一路激励我们的孩子们和教师们。

目录

第1章

导言：21世纪的幼儿教师

梅琳达是探索幼儿学习中心（Explorations Early Learning Center）的主任。在一次晨间巡视中，她将头探进幼儿园教室。她看到了杰达，一位工作了两年的教师，正在和孩子们问好，并帮助他们摘下帽子和手套。同时，教室里的孩子们喧闹不止。梅琳达想起上周专业学习共同体研习会上，杰达口头表达了新课改之后她在工作中产生的挫败感。“不知道杰达怎么样了，”梅琳达心想，“我知道她一直在努力控制她儿子的哮喘，她看起来很累”。在教室里进行活动时，梅琳达环顾四周，思考着杰达今年的班级。该班级中有几个孩子特别“小”，不断地表现出挑战性行为。杰达也仅工作两年，还在学习有效的管理策略。梅琳达微笑着向杰达挥手致意。杰达勉强笑了笑，说：“早上好！”这时，孩子们跌跌撞撞地从外套中挣脱出来，走向等待他们的早餐。“我能做些什么来支持这个班级的教学呢？”梅琳达琢磨着，同时走出来与下一间教室的幼儿和教师打招呼。

如今的幼儿园教室是一个繁忙、热闹的地方。就像探索幼儿学习中心的梅琳达一样，全国的幼儿教育领导者都在努力提升本机构的学习经验。他们日常所做的领导决策，影响着幼儿获得高质量学习机会与经验的程度。他们负责创设环境，以促进幼儿认知、情感以及建立关系的能力发展。不过，幼儿教育领导者对幼儿教师还负有一份重要的责任，即在动态的现实生活环境中照顾像杰达及其同事一样的教师。事实上，他们旨在促进幼儿健康发展的决策往往有可能同时提高幼儿教师的专业能力。在幼儿教育领导者掌握了有关成人和幼儿学习科学的核心知识，并对高质量学习环境有了充分理解的情况下，梅琳达及其同行们所做的日常领导决策才有可能帮助教师和教学团队丰富专业知识，提高专业能力，进而促进教与学，产生积极的结果。梅琳达及其同行——如今的幼儿教育领导者们发现，在过去几十年急剧变化的环境中，他们操控着自己的专业化工作。

本章，我们将考察这些变化，分析幼儿群体的变化，并综述有关幼儿保教对当代幼儿与家庭的价值的新近研究。考虑到幼儿教师角色的复杂性，特别是鉴于最近的政策变化和对幼儿教师的期望越来越高，我们坚持认为，只有将幼儿教师的专业需求作为幼教领导或改革战略的必要组成部分，幼儿教育领域才会有所改善。换句话说，为儿童创设高质量的学习环境，意味着提升教师的能力——真正地关注这些成人所具备的技能和知识。本章结尾将阐释促进 21 世纪幼儿教师专业学习的工作和方法，同时提供本书的阅读指南。

当代幼儿保教全景

幼儿保教的概念和宗旨与它最初进入国家层面相比已经发生了巨大变化。在大萧条和第二次世界大战期间，由于需要为年幼的儿童提供非亲缘看护服务，幼教项目为最贫困、最易受社会经济伤害的儿童提供了照护（Phillips，2016）。“开端计划”（Head Start）开始于 20 世纪 60 年代，是“消除贫困战争”的一部分，旨在为处境不利的儿童提供帮助。在那之后，双职工家庭数量的大幅度增长激发了不同收入水平的家庭对托育服务的需求，幼儿保教机构中的儿童数量也呈指数增长。如今，美国每 10 个孩子中就有 6 个孩子参与了某种类型的幼儿教育项目（U.S. Department of Education，2015）。

在过去的十年里，在联邦政府的支持下，美国开始重新考虑传统的幼儿保育模式，将其视为幼儿教育，即一种发展儿童心智和学习能力的手段。这种观念上的转变部分源自幼儿学习与发展科学的迅猛发展；研究证实了高质量的幼儿教育对幼儿认知、社会性和情感发展具有长期的积极影响，强调了这些经验在幼儿期这个关键发展阶段的重要性（Barnett，1995；National Association for the Education of Young Children，2017）。此外，该模式的新概念化回应了近期关于压力和不利处境的研究结果，也符合幼儿群体的人口变化要求。也就是说，如今的幼儿在语言、文化和种族方面比以往任何时候都更加多样化，他们也面临着对其学习和成长具有持久负面影响的挑战（Brooks-Gunn & Duncan，1997）。例如，据推测，目前近 45% 的 5 岁以下儿童生活在低收入家庭（Grant，Gracy，Goldsmith，Shapiro，& Redlener，2013）；综合各种收入水平来看，每 4 个孩子中就有 1 个孩子经历过某种严重的负面事件（例如父母离婚 / 分居、情感或身体上被忽视或受虐待）。因此，接受高质量的幼儿教育已被证明是缓解幼儿压力和不利处境影响的一项关键策略，它使所有幼儿，即使是最脆弱的幼儿，也能够为未来在学校和生活中取得成功做出更好的准备。

为了回应这些研究发现和幼儿群体的变化，联邦、州和全国各地的社会团体都热切地扩大公共幼儿教育的规模。全国各地的州、城市和乡镇都积极地规划幼儿保教发展战略，关于普及学前教育的讨论也在广泛展开。

对幼儿教育的日益关注既代表着重大的机遇，也意味着巨大的挑战。也许最重要的挑战是，在扩大幼儿教育规模的同时提升幼儿教育的质量。例如，如上所述，每 10 个孩子中有 6 个孩子参与某种类型的幼儿教育项目，但我们注意到，这6个孩子中只有两三个孩子参与高质量的幼儿教育项目（Barnett & Nores，2012）。尽管参与幼儿教育项目的儿童数量在持续增长，但事实上，目前的挑战是如何提升幼儿教育项目的质量。毕竟，重要的不仅仅是参与；大量证据表明，无论是在家庭、学校，还是在社区中，学习环境的质量和在这些环境中建立的关系是培养健康儿童的基础（Carlock，2011；Jennings & Greenberg，2009；Jones，Bouffard，& Weissbourd，2013；Maurer & Brackett，2004；Roeser，Skinner，Beers，& Jennings，2012）。

高质量的幼儿学习环境的特点

当期望大规模地改进幼儿教育项目时，如何准确地描述高质量的幼儿学习环境呢？在我们的理解中，它们是有着既定常规的、平静的、可预见的环境。幼儿在这种环境中经常获得丰富且有激励作用的学习经验。这些经验能够促进幼儿的认知发展，帮助幼儿获得社会性－情感能力。众所周知，所有这些在根本上就是温暖的、回应性的成人－儿童关系。本质上，高质量的学习环境有两个基本特征。第一，环境是严谨的。其重点在于激发和积累学习经验，以积极建立和发展认知与社会性－情感能力。幼儿要能够参与那些有助于同时发展理解力和语言的活动。第二，环境是规范的。它有一日常规，是可预测的；灵活且持续不变的常规、适当的限制，以及温暖的、回应性的成人－儿童关系，是环境的核心。

在使用“严谨”和“规范”这两个术语时，我们相信，我们有机会且有必要调整——甚至重新定义——幼儿教育中“严谨”的含义。我们不是要求在学业学习上“严格”对待幼儿，也不是要求以牺牲发现和探索的机会为代价聚焦于幼儿的学业表现，而是建议让所有的幼儿在学习环境中接触学业学习方面的概念和经验。严谨的幼儿学习环境的核心是让幼儿接触具有激励作用的内容，随着时间的推移，这些内容会逐渐积累成知识。在这种环境中，幼儿会同时发展社会性 – 情感能力和学业学习能力，而教师也在用精心整合的教学实践来支持他们。

这种以整合的方法教育幼儿的观念，对幼儿教育领导者和教师来说并不新鲜。尽管许多幼儿教育机构长期以来都认为有必要培养完整的儿童，但该领域在执行方面仍然有两方面的不足之处。首先，在典型的班级中，往往是固定的课程和活动贯穿一日生活，旨在培养儿童的关键技能。但它们通常是相互独立的；换句话说，虽然有大量的指导，但课程并不是一致的，也不能围绕一个给定的主题促进儿童深度学习。这些课程和活动没有充分地联系和整合，以促进儿童的发展。例如，一个班级可能用 20 分钟集中教授计算技能，然后过渡到以游戏为基础的活动，比如表演活动，之后又在地毯上进行"故事时间"。每一项活动本身都很重要，但如果它们之间没有一条清晰的纽带，儿童就会错过很多机会。其次，很明显，就教学设计而言，每个课程或活动的目标通常与单一的发展领域相联系，如语言、读写能力或社会性 – 情感能力。

然而，研究越来越清楚地表明：在幼儿身上，每个发展领域都以深刻甚至出人意料的方式影响着其他领域；证据表明，社会性、情感、认知和语言等能力在大脑和行为中相互交织，整体干预比针对单一领域的干预效果更强。因此，尽管应该确保幼儿有机会体验许多不同种类的活动和课程，但刚刚描述的班级场景并不能达到我们所需要的严谨程度，也没有与关于幼儿学习的最新发现的内容达成一致，更不能跟上"以学业为导向"或"以游戏为基础"的项目潮流。简而言之，仅仅为学业学习和社会性 – 情感学习腾出时间是不够的；理解幼儿教育工作的核心过程，意味着在所有的学习中都要嵌入这些发展领域的元素。

严谨的幼儿园班级环境是怎样的？在这样的班级中，不同发展领域的能力培养不仅是相互联系的，更重要的是，它们是融为一体的。接下来的章节会详细地阐释这一问题。现在，假设我们在一个幼儿园班级里，目标是提供直接的指导和密集的支持，以加强幼儿的读写技能（如词汇）和社会性－情感能力（如情绪管理、社交技能）。为了实现目标，教师创设一系列课程，课程的学习单元是围绕一个大的主题（如“周围的世界”）组织起来的，其中包括该单元和具体课程的详细计划，还有与学习单元相匹配的文本集。当这些丰富的文本（及其相应的课程目标）成为载体，用于讨论有关学业学习中的概念和经验时，整合就实现了。这些概念和经验源自开放性问题，来自促进幼儿语言发展、自我反思和同理心形成的目标。课程是围绕这些双重目标设置的。例如，教师准备一些开放性问题来询问幼儿，从而促使幼儿探索书中的世界，思考书中人物的不同视角，反思自己的感受。同时，教师也在培养幼儿的语言意识，以及对自我和他人感受的意识。回顾从研究中所了解到的结论，教师在这种情况下所发挥的作用，如让幼儿接触丰富的语言、建立情感意识和培养良好的师幼关系，为幼儿以后的学习和发展奠定了基础。

为年幼的学习者创设严谨且规范的环境，这有赖于幼儿教师，以及支持这些教师的幼儿教育领导者。最新科学研究已经证实了严谨的、高质量的幼儿学习环境的有效性。使学习环境达到这样的标准，就意味着要充实幼儿教师的核心知识，增强他们的核心能力，并为他们提供相应的工具和方法来奠定基础。当将幼儿教育看作是为所有幼儿提供强有力的开端，促进早期学习和发展的基础战略时，我们就必须关注学习环境和许多方面的“基石”——教师，这是质量的核心决定因素。现在，来谈谈幼儿教师，并考虑一下这个角色在当今社会中的复杂性。基于此，我们将阐述这一切对于有效领导和改进工作意味着什么。

当代幼儿教师的专业需求

为了形成和保持严谨且规范的幼儿学习经验，教师必须通过日常体力、情感和脑力劳动来为幼儿提供充满刺激的、吸引人的培育性环境，同时必须具有管理幼儿挑战性行为和对不可预测性事件进行反应的能力。就全国而言，从政策制定者、机构领导者，到幼儿及其家长，都依赖幼儿教师日复一日、年复一年地履行这一承诺。

按照如今的标准来说，教师负责为幼儿提供丰富的学习经验，同时支持作为学习基础的社会性－情感发展，并反过来培养促进幼儿健康发展的积极关系（Joseph & Strain，2004）。教师必须拥有塑造积极行为的工具，创设令幼儿感到安全、可靠的培育环境，这个环境中的每日安排和活动都要有规律可循。这对教师而言尤其具有挑战性，因为幼儿刚开始学习建立关系和表达情感，而且经常出现情绪上的波动。与此同时，幼儿在行动上是活跃的，对事物是好奇的，但其很多基本需求还不能完全自给自足，所以就增加了对成人的要求，而成人在创设培育性环境时，必须管理自己的情绪和行为，保持冷静。在日常工作中，高效的教师往往能够运用好核心能力：

- 有考虑周全的计划，也有足够的灵活性来调整计划（执行功能）；
- 有较强的情绪调节能力和适应能力来调整自己的反应，应对具有挑战性的情况，并能够示范如何使自己冷静下来，有效化解冲突（自我调节策略）；
- 了解每个幼儿的行为和发展是如何反映个体经验的，这与幼儿的优缺点相关——同时理解成人和幼儿的行为是如何相互影响的（情感认知和社会交往能力）；

- 读懂并理解社交线索、处理冲突，且能与幼儿和同事保持高质量的关系（社会交往能力）；
- 有意识地采用特定的方法通过对话促进学习和积极的班级管理。

最重要的是，好的教育机构对教师的能力和耐力都有较高的要求。我们甚至可以从测试成人管理自己的情绪和行为能力的结果来说，在众多职业环境中，幼儿园教室是极为费力的环境之一。正如幼儿教育项目的质量不能满足我们的期望一样，教师专业发展质量目前也不能满足我们对教师的高期望。我们对教师的专业支持与知识教授以及最终工作条件的投资，没有赶上对幼儿的投资，也没有跟上幼儿学习与发展科学以及成人学习与发展科学告诉我们需要如何做的步伐。

正因为幼儿教育拥有巨大的潜力，所以需要将其视为促进幼儿学习与发展的基本途径，因此必须加倍努力，以专业的方式支持教师。其中一种方法是关注幼儿教师所需的核心能力，使其能够创设和维持高质量的学习环境，应对日常工作的挑战和日益多样化的幼儿需求，包括面临压力和处境不利的儿童。要达到这一目标，需要强有力的领导和专业支持——在很多方面，需要一种新的专业发展模式，以有意义且持久的方式支持幼儿教师。

21 世纪幼儿教育中的专业学习：本书缘起

在大多数关于提高幼儿教育质量的讨论中，以及在许多改善教育实践的计划和策略的设计中，都有一种悖论，即倾向于跳过成人，把绝大多数注意力集中在幼儿身上，而不考虑教师的能力和需求。这在我们通常会问的问题中表现得很明显：什么样的课程对幼儿最好？课堂管理的正确理念是什么？如何确保幼儿能接触不同的文化？在冬季的几个月里，户外活动时间如何最大化？当然，这些计划和决定的成功几乎完全依赖教师创设与维护学习环境，自主实施和整合新的、具体的计划或项目的能力。此外，我们从幼儿学习与发展科学和成人学习与发展科学中汲取提高教育质量的方法后，采取了专门针对成人的策略，并通过研究发现了教师的需求（技能和知识），进而以战略性的、有意义的、基于能力的专业发展方式进行回应。

本书的部分内容来源于我们与两家城市幼儿教育中心的教师为期 3 年的合作。由此产生的专业学习项目、严谨且规范的学习环境，是本书自始至终都在讨论的方法。我们的方法旨在为幼儿教师提供密集的、合作式的、与课堂实践和机构层面数据直接相关的专业学习，重点关注教师的四项核心能力：执行功能、情绪调节、社会交往能力和对话学习。

我们使用的模式包括：（1）机构本位的，每周 1 小时的研讨会，包括以案例研究为基础进行讨论、反思练习和共同构建专业实践；（2）基于课堂的辅导研习，在此期间教师应用新的实践并反思其使用效果。引导教师注意和管理自己的执行功能、情绪和人际关系，很好地适应学习环境，协调好自己的情绪管理与幼儿的情绪管理。因此，可以强化他们对于学习环境作为一种关系和互动系统的理解。此外，我们发现，随着促进课堂互动良性循环能力的提高，教师会更倾向于接受专业的学习方法。他们热衷于合作式的、专业的工作，并且乐于参与专业学习共同体继续讨论、互相学习，同时自觉地为幼儿提供高质量的早期学习经验和环境。

本书引用了我们与参与该方法的幼儿教师一起工作的经验，并分享了我们用来培养他们的能力的工具和策略。虽然大部分工作已经完成，但其中一些工作仍在进行，因为我们开始与不同领域的相关者分享学习经验。在阅读过程中，你将看到我们与幼儿教师合作的成果，我们希望这些描述和资源能够帮助你将我们的工作与你自己在机构中的教学实践联系起来。

案例背景：探索幼儿学习中心

整本书呈现了我们在探索幼儿学习中心（化名）的观察，作为一个个案，它反映了我们所看到的一般幼儿教育机构的情况，特别是那些有较多处境不利儿童的机构的情况。本书的每一章都包含一个引导性的开篇案例，它是我们讨论的跳板，同时是用来观看和体验内容的一个镜头。与本章的开篇案例相似，后续章节的开头也探讨了在典型的幼儿教育环境中教师经历的快乐和挫折，包括在混乱的环境中与其他成人密切合作可能带来的压力，幼儿教师和幼儿教育领导者所必须具有的能量和计划，行为要求和学习要求之间的平衡，以及设计有意义的专业发展计划的复杂性。

探索幼儿学习中心的管理者梅琳达愿意为该中心的教师投资，让教师参与以合作和增加课堂对话为中心的专业学习。就像许多幼儿教育领导者一样，梅琳达通过收集她所在机构的数据，寻找有助于改进教育质量的模式。尽管如此，她仍然想努力促成有意义的改变，虽然她想最好地支持中心的教学和学习，但她既感到乐观，又有些不确定，其中的不确定来自日常工作中的阻碍，包括规定的监管流程。与梅琳达一起，我们探讨了以下教师的专业表现：幼儿园教师杰达；玛丽亚，杰达的搭班教师；卡伦，专业学习共同体的引导者和教练。这些案例都来源于我们在现场目睹的实际情景，希望能与你的工作经验有所联系。

本书概览

接下来的章节概述了一种新的专业发展模式，并包含一套提高幼儿教育质量的策略。本书是为幼儿教育领导者——从教练、学校领导到决策者——

编写的指导手册，通过提供具体的、特定的实践资源，支持他们改进教学和学习。我们的目的是以一种实用的方式，指导幼儿教育领导者进行决策和决定，也可能对幼儿教师有直接的帮助。

如图 1.1 所示，本书有两个主要部分。第一部分关注幼儿教师的能力，这些能力是创设提供良好的照护和高质量的、丰富的学习环境的必要条件。我们称这些能力为“教师的核心能力”，因为它们不仅支持教师取得成功，而且支持幼儿的学习和发展（见图 1.2）。根据我们从当前的研究中了解到的情况来看，如果幼儿教师有意识地培养并具备这些能力，进而将这些能力有效地融入工作中（通过领导者的战略眼光及其对有效专业学习的支持），那

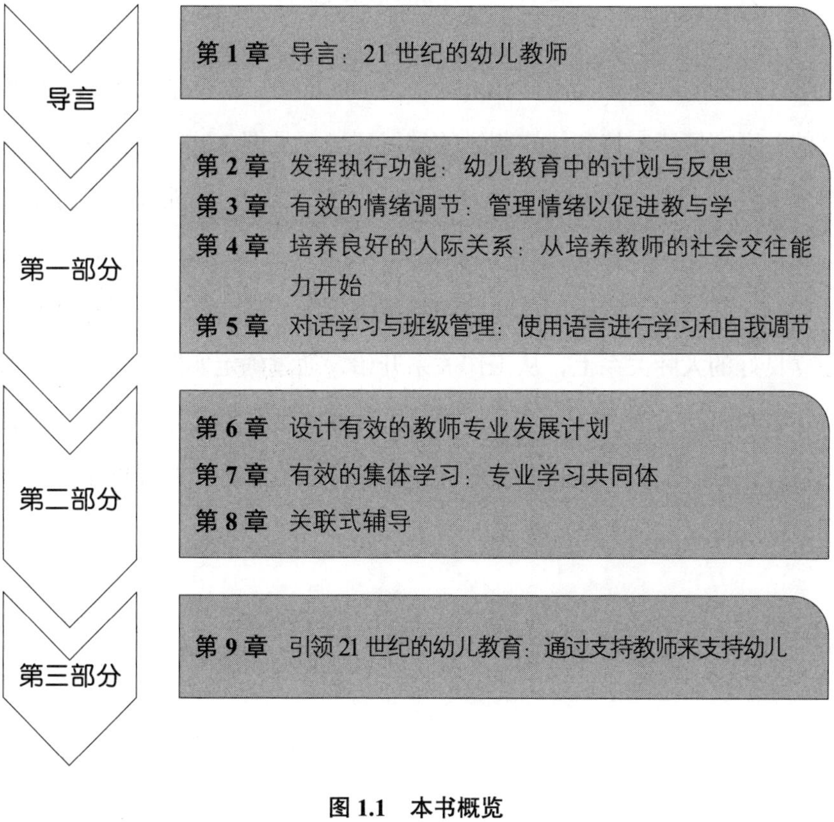

图 1.1　本书概览

么幼儿的发展水平很有可能得到提高。

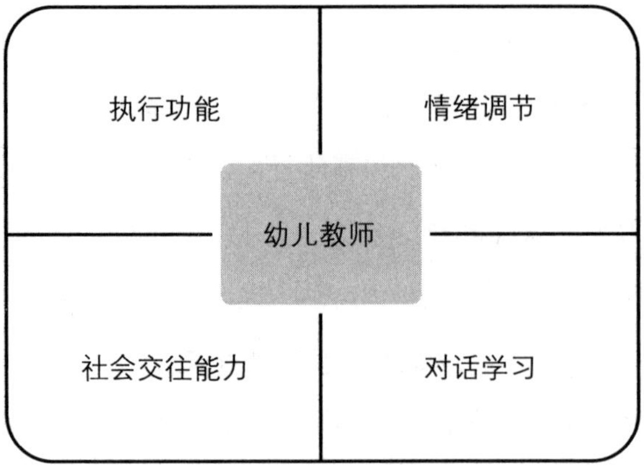

图 1.2　幼儿教师的核心能力

第一部分的每一章都阐述和讨论了教师的能力，这些能力有助于创设亲社会的、富有情感支持和认知刺激的学习环境（见图 1.3）。我们提供工具和策略来支持幼儿教师使用执行功能策略（见第 2 章），并强调教学计划和反思。我们讨论了有效的情绪调节所涉及的内容（见第 3 章），以及它对教和学的影响，并论述了实用的情绪认知和情绪管理策略。然后，我们将重点放在建立良好的人际关系上，从工作关系开始，通过确定实践策略促进教师在机构中发展社会交往能力（见第 4 章）。最后，我们定义并讨论了“对话学习”，这是一种既增进幼儿学习又加强课堂管理的策略，并提供了有利于幼儿和教师的课堂对话策略（见第 5 章）。

执行功能（第 2 章）	情绪调节（第 3 章）	社会交往能力（第 4 章）	对话学习（第 5 章）
• 计划 • 保持专注并坚持到底 • 同时使用多种技能 • 反思 • 灵活思考	• 情绪认知与理解 • 情绪示范（表达和描述） • 情绪管理（自己和他人）	• 以同理心看待和回应 • 理解社交信号和行为 • 管理冲突和行为（教师和幼儿） • 与成人合作	• 以书为锚 • 提出开放式问题 • 促进扩展性对话 • 运用称赞和积极的语言

图 1.3　后续章节概述的幼儿教师能力

第二部分阐述了领导者如何通过组织专业学习来培养幼儿教师的核心能力。我们讨论了转变专业发展战略和结构的必要性，其中包含 21 世纪的专业学习模式，并思考对教师核心能力建设最有意义的方式（第 6 章）。这种方式包括专业发展的两种模式：专业学习共同体（第 7 章）和关联式辅导（第 8 章）。我们还深入研究了将这种方式整合到专业学习（基于机构的）所需的策略和工具（见图 1.4）。

第三部分是本书的结论（第 9 章），整合了第一部分和第二部分内容，幼儿教育领导者可直接将其运用在机构的专业学习中。我们讨论了领导者在建立反思与探究文化中的作用，支持领导者设计和推出响应机构需求的专业发展系统，同时发现了存在的共同困难和遇到的问题，并为持续的能力建设提供资源。

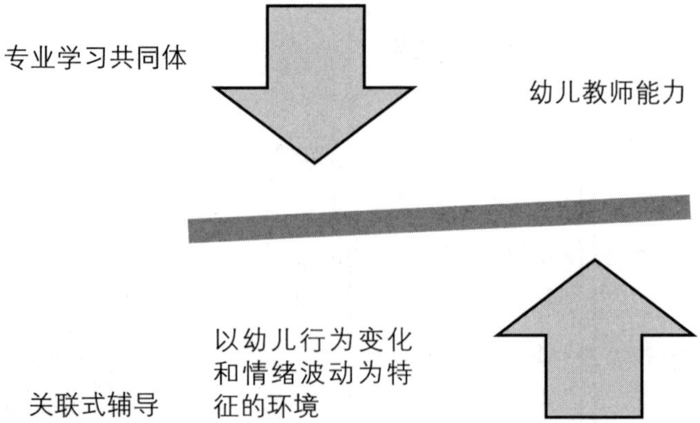

图 1.4　在幼儿教育环境中对教师具有支持作用且有价值的专业发展方式

本书提供了该领域中可应用的实用工具，策略、方案和辅助资源贯串全书。每一章的结尾都提供了自我反思的部分，支持领导者为幼儿教育机构“把脉”，从而在机构或整个幼儿教育领域中做出合理、可行的决策。

第一部分

提高教师的核心能力

第 2 章

发挥执行功能：幼儿教育中的计划与反思

从汽车站走到探索幼儿学习中心，一路上气候寒冷且道路泥泞，但当玛丽亚想到接下来的活动时，她有点兴奋。玛丽亚是探索幼儿学习中心的一名幼儿教师，她为今天的感官区活动做了一项特殊的设计，她已经迫不及待地想看到孩子们参加活动时脸上的表情了。

区域活动时间一到，玛丽亚就加入选择感官区的孩子们。和计划的一样，她带来了一些令人惊喜的物品：工作服、杯子、漏斗和一大桶雪。玛丽亚兴奋地喊道："我们今天要在感官区做些不同的事情！"说着，她就把雪倒进了活动区里。孩子们高兴地尖叫起来，立即开始挖雪。

当孩子们开始玩的时候，玛丽亚试图实施她的课程计划，她开始向孩子们解释什么是"冻结"和"融化"，但孩子们似乎不太明白，或者至少不太关注。当她思考应该如何帮助孩子们专注于她所解释的信息时，他们开始互相扔雪。玛丽亚急忙蹦出一句："不许扔雪！如果你们再不住手，我就要结束今天的活动了。"这句话似乎在短时间内产生了作用。

玛丽亚试图保持冷静，但在她第一次有机会深呼吸之前，她就听到了孩子们从制作拼贴画的艺术区传来的争吵声。她看到他们在为争夺一些材料而争吵，这提醒了她，所以她打算提前寻找一些多余的胶棒。玛丽亚呼唤搭班教师杰达，询问她是否知道哪里还有胶棒，但是杰达正在盥洗室里忙着看护孩子们洗手。玛丽亚向艺术区的孩子们大喊着，让他们相互分享，然后转身回到她负责的区域。她试图回忆起要教的科学词汇，但现在她已经想不起来了。正当她努力地回想这些词汇时，又有几个孩子走到感官区，推推搡搡地挤了进来，他们也想玩雪。随着感官区的孩子越来越多，他们又开始扔雪了。玛丽亚回想起今天早上自己因为这个活动而多么地兴奋，但现在她只想结束它。

玛丽亚的经历并不特别。她的目的是让孩子们参与活动，并促进他们的学习，她本计划通过这项活动带给孩子们认知刺激和兴奋体验，但却被几项决策和突发问题搅乱了。可以肯定的是，她是一位经验丰富的教师，她的创造力、热情和对每名幼儿的吸引力使她成为一位难得的教师。玛丽亚设置的认识水的不同状态的目标，以及为了达到这个目标而制订的在感官区探索雪的计划，都是值得称赞的。然而，玛丽亚做了一些决定（以及在某些情况下，忘了做一些决定！），这影响了她实现课程目标的能力，从而影响了孩子们学习体验的质量。她没有预料到教授幼儿新知识可能面临的挑战，这些幼儿被非常具有吸引力的材料迷住了，因此分散了注意力，尤其是在有惊喜发生的情况下。此外，尽管她提前想到为感官区准备杯子和漏斗等材料，但她没有为艺术区胶棒的短缺做出类似的计划。同样，她也没有计划好如何应对“可预测的”挑战。她没有设定要求来保障活动的顺利实施，也没有主动向幼儿保证每个人都有机会在感官区探索雪。玛丽亚以为自己已经为这一天做好了准备，但当她看到一切都糟透了时，她很想知道，“到底是哪里出了问题？”

当阅读或观察玛丽亚遇到的这种教学经历时，我们一般会思考应该怎么做。玛丽亚在指导活动之前，应该阅读一本关于水和雪的书，对感官区活动进行预演，包括活动期间的行为要求。也许，她可以张贴一个时间表，这样幼儿就不必担心自己是否能够或者什么时候才能去探索雪；可以想象，一张词汇表会帮助玛丽亚记住她想要教的科学词汇。但是，如果有过这样的经历，我们就会知道，为幼儿的学习设定目标，并针对目标制订课程计划，预测可能存在的障碍，然后及时应对不可预测的情况，说得委婉一点，这是一项挑战。像玛丽亚这样的教师需要使用认知策略，比如执行功能策略，以便最大限度地满足这些具有挑战性的需求。

在这里，我们要提醒自己，对执行功能策略的需求和使用高度依赖环境；周围发生的一切要么会添加麻烦，要么能消除认知过程。从玛丽亚的经历中我们可以看出，当课堂中出现突发问题（即幼儿为胶棒争吵、扔雪、互相推搡以进入特定的区域）时，教室里的多个区域都需要教师的关注，因此教师很难执行计划，保持专注，并同时使用多种技能来满足所有幼儿的需求。同样，当情况不断升级，风险变得更高时（例如，幼儿可能会受伤），我们往往很难制订计划，或者想起所学过的能够解决此类问题的策略。在这样艰难的时刻，玛丽亚仍然“拥有”执行功能——它们不会突然消失——只是更加难以发挥。事实上，几乎没有哪个行业像幼儿教育那样，发挥执行功能常常令人大伤脑筋。

本章深入探讨了执行功能及其相关策略，以及为什么执行功能被认为是教师的核心能力，然后描述了支持教师持续使用执行功能策略的几种方法，最后提供了自我反思工具，它可以帮助领导者评估他们所在机构支持教师发展这一核心能力的方式。

何谓执行功能

如图 2.1 所示，执行功能涉及认知过程和实践，以促进目标明确的思想和行为（Zelazo & Carlson，2012）。它帮助教师制订计划，贯彻执行，甚至当最初的计划不起作用时帮助他们明智地转变方向。认知过程支持教师同时协调使用多种技能，专注于手头的任务，将从过去经验中获得的知识应用于当前情境，并认识到自身的优势和问题（Diamond，2006；Jones et al.，2013；Mezzacappa，2004）。

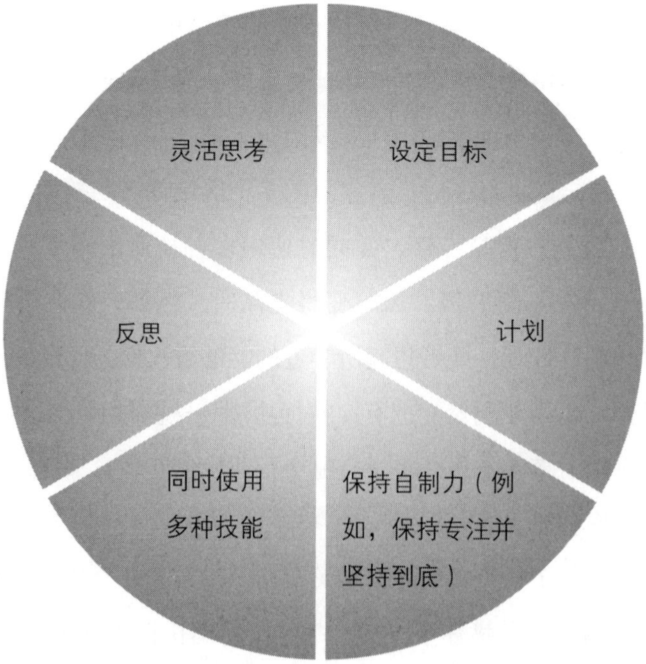

图 2.1　幼儿教师可以使用的执行功能

幼儿教师如何运用执行功能？让我们想一想玛丽亚。她是一位经验丰富的教师，我们可以想象，如果得到提示，她就可以提前预测一些在感官区活动中可能会面临的具体问题。当教师提前做好应对问题的准备时，他们就在使用升级版的执行功能。同样，在这种乱成一团的时刻，升级版的执行功能将支持玛丽亚在面对困难（如不够冷静和专注）时进行批判性反思，然后调整计划来应对。如果使用执行功能，她就可以后退一步，跟幼儿谈谈她对于感官区活动的要求。

众所周知，人的执行功能在学龄前阶段发展得最快，因此必须培养和支持幼儿发展执行功能，同时越来越多的证据表明，执行功能会持续发展到青春期和成年期，但这一点却很少受到关注（Zelazo & Carlson，2012）。反过来，执行功能会让我们受益终生。从日常的琐碎事情，到计划家庭聚会，再到处理职业生活中的多项任务，执行功能对于我们的投入、专注、自制力、灵活性和认识至关重要。

为什么执行功能是教师的一项核心能力

正如前文所述，可以说，几乎没有哪个行业像幼儿教育那样对于执行功能的使用如此看重，且承受着巨大的压力和负担。为什么会这样？让我们研究一下图 2.2 中相互关联的因素。在教师能够始终如一地为幼儿做好示范，并且教授幼儿技能的学习环境中，幼儿自身的执行功能将得到发展（Institute of Medicine and National Research Council，2015；McCoy，2016）。在学龄前阶段，执行功能不断发展，涉及注意力、反应抑制和延迟满足的能力；如果想让幼儿获得重大发展，就需要更多地支持幼儿发展执行功能。但由于学前儿童正在发展与他们（终身）能力相关的技能，以调控自己的行为、注意力和情绪，因此他们在课堂上肯定会呈现出行为变化和情绪波动的特点；而富有挑战性和不可预测的行为是学龄前儿童日常生活的一部分。

图 2.2　幼儿教育悖论：教师增强对执行功能的使用，既必不可少，又困难重重

了解幼儿发展中的执行功能对幼儿教师意味着什么？回想一下，当孩子们开始互相扔雪、为胶棒争吵、挤满感官区时，玛丽亚的执行功能是如何受到挑战的。在这个（不算特别的）时刻，孩子们反应抑制和延迟满足的能力受到了挑战，形成了这样的状况：玛丽亚很难回忆起她计划教的词汇。是的，她本可以决定在下午的圆圈活动时间教授词汇，然后转移注意力，解决教室各个区域的问题。但在日益增长的课堂教学需求中，让玛丽亚发挥执行功能来转变方向，制订新的计划，同时保持积极性和建设性，尤其具有挑战性。

引导幼儿学习和发现，激发幼儿社会关系的萌芽，往往令教师在发挥执行功能时十分费力，这是可以理解的。当幼儿教师运用执行功能策略的能力受到限制，然后被阻碍时，就会产生螺旋效应：教师努力集中注意力并保持冷静时，幼儿也会如此——反过来，这又进一步加重了教师的压力。但是，如果领导者创设的规范的学习环境能够支持幼儿教师发挥执行功能，那么即使预测到幼儿会出现行为和情绪上的波动，教师也能够发挥执行功能促进幼儿的学习与发展。在这种环境中，幼儿教师参与了一个包括翔实计划和后续实施的课程周期，它鼓励和支持教师灵活思考，解决问题，并根据幼儿的反应及时调整教学方法。由此，幼儿教师便拥有了支持自我反思的工具：不断认识到自身的优势和不足之处，以及自身的专业优势和需求。

用什么工具支持幼儿教师在课堂上发挥执行功能

我们知道，指导和支持幼儿教师高水平地发挥执行功能，是幼儿教育领导者建立规范、严谨的学习环境的重要途径。毕竟，这些是教师在设计教学目标和计划、及时做出教学决策以及反思教学经验时所利用的技能和策略，能够发展教师的专业知识，并为其未来决策提供信息。那么，为了帮助教师应对各种课堂状况，应该如何支持他们具备和发挥执行功能呢？在与幼儿教师的研究和合作中，我们制定并使用了一些策略，它们已经成为幼儿教师发挥执行功能时不可缺少的组成部分。

还有别的事发生吗

使用升级版的执行功能时所意想不到的障碍

本章讨论了在课堂上支持幼儿教师发挥执行功能所需要的工具，但是如果不花一点时间提醒自己使用工具所应该具备的条件，我们就没有尽到职责。因为即使是掌握了较多执行功能策略的人，他们也不能在错误的情境下使用这些策略。首先，最重要的是，幼儿学习环境必须以稳定和温暖为特征，并且能够真正促进人与人之间以开放和相互尊重为基础的沟通。当条件得不到满足时，幼儿教师就会承受过大的压力，以至于无法应对可预料到的幼儿行为变化和情绪波动。因此，为了进行积极、有效的课堂互动，幼儿教育领导者有责任思考，应该如何通过调整工作条件来支持教师发展和使用强大的执行功能。

在这里，我们强调侧重于支持教学计划和教学反思的工具。它们可以被认为是幼儿教师的“有效策略”，对于优质的教学和高效的学习是不可或缺的。我们虽然主要侧重于计划和反思，但也支持教师使用这些策略的方式，并鼓励和促进教师形成其他执行功能策略。例如，教学计划必然涉及指导该计划的机构目标，同样，有效的反思实践需要教师思维活跃，思考多种视角和可能性。

工具 1：教学计划

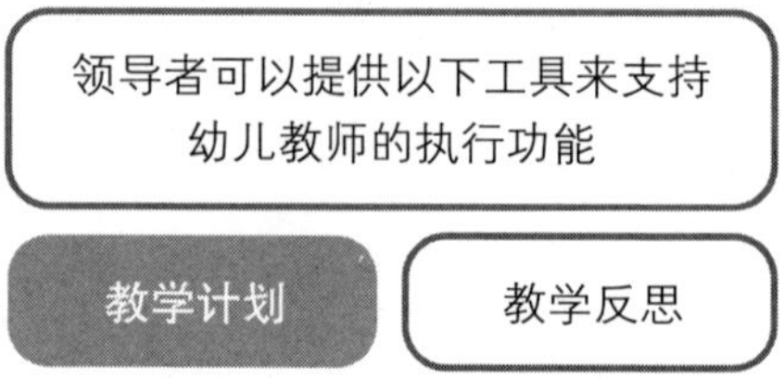

教学计划已经成为幼儿教师工作经验的一部分。无论幼儿教师是否围绕生成课程、规定课程或是介于两者之间的课程来组织教学，都是如此。无论课程背景如何，如果幼儿教师要为幼儿创造良好的学习机会，其日常职责必然包括为实现教学目标而进行的充分准备。本节阐述了教学计划工具的特征，它能够以最佳方式来支持教师发挥执行功能，设定目标、做好计划和灵活思考。

“但是我们已经有了教案……”

像所有的教师一样，幼儿教师通常也有教案或活页夹，用来记录每天的教学设计。如果设计和使用得当，幼儿学习环境中经常被提供和需要的教案、各种课程表就会占据重要位置。但在许多情况下，这些计划工具和表格实际上并不是为支持幼儿教师发挥执行功能而设计的。例如，一些计划表和计划书的设计主要是为了让教师遵从规定或记录学习目标。虽然它们在指导幼儿教师的工作方面占有一席之地，但它们往往没有关注设计有效的学习活动所需的思维和程序。

在这里，我们重点介绍如何设计计划工具，首先，也是最重要的，这种工具需要对教学准备和设计有用。身处机构，仔细思考可用的计划工具的主要用途，同时思考这些工具是否能够以及如何达到你的预期目的。你可能会根据此处的建议调整现有的工具，也可能设计新的工具，或者发现你现有的工具正在高效地完成工作。关键是要确保教师的计划工具能够真正且有效地支持他们的计划。

支持幼儿教师发挥执行功能的计划工具有什么特点

本节强调能够支持幼儿教师在课堂上发挥执行功能的课程计划工具应该具备的四个特点，最后提供了一个可供使用的课程计划工具示例（见图 2.8）。

从目标开始。课程计划工具应该从目标出发。换句话说，它应该促使幼儿教师首先回答两个问题：我希望幼儿从这种学习经历中获得什么技能和知识？我将通过哪些学习活动来实现这些目标？既定的学习目标和学习活动将作为计划过程其余部分的检验标准。请注意，这个目标和活动不是凭空出现的，而是与更宏观的课程学习计划相关联的，如围绕发人深省且引人入胜的主题或话题展开的学习单元。图 2.3 展示了前文例子中的玛丽亚所完成的计划过程的第一步。请注意，她的学习目标侧重于内容知识和社交技能。

学习目标：孩子们将（1）探究雪，同时使用描述性语言表明他们对于冻结、融化、寒冷和潮湿的理解；（2）轮流实践。

学习活动：孩子们将在感官区一起探索雪和水。

图 2.3　玛丽亚的计划

概括四个“W”。幼儿教师一旦明确了学习目标和活动，就该考虑组织形式和保障措施。换句话说，课程计划工具应该促使幼儿教师考虑四个“W”：

- 谁（<u>W</u>ho）参与（全班还是小组）？
- 在哪里（<u>W</u>here）开展这项活动？
- 何时（<u>W</u>hen）开展这项活动，持续多长时间？
- 教师和幼儿需要什么（<u>W</u>hat）材料？

玛丽亚的计划是在区域活动时间与一组幼儿在感官区进行学习活动。材料包括工作服、杯子、漏斗和一大桶雪。使用计划工具来设计这种学习活动可能会促使她考虑幼儿的数量和材料的数量。例如，可以想象，感官区如果没有足够的雪或杯子，幼儿就可能会感到失落，突然将注意力从学习上移开，这会对幼儿教师及时运用执行功能策略造成压力。

列出课程步骤。为了支持幼儿教师发挥执行功能，该工具在课程计划过程中应该把握的下一个方面是学习经验的发展，即教师和幼儿在学习活动中将经历的步骤。这对于如何设计有效学习活动具有理论指导意义，其中大部分基于“责任逐步释放”模式（gradual release of responsibility model）（Piaget，1952；Vygotsky，1978）。这种以幼儿为中心、发展性的教学模式，从教师提供明确的指导、用行动示范学习目标开始，一直到幼儿能够学以致用为止。内尔·杜克（Nell Duke，2014，p. 100）近年来提出一种逐步简化这种模式的方法。他建议采用以下步骤：

1. 告诉我（向幼儿介绍课程）；
2. 向我演示（向幼儿展示学习目标或活动、活动过程和传达的内容）；
3. 帮助我（支持和引导幼儿进行学习活动）；
4. 让我来（允许幼儿更加独立地应用学习目标，在教师的观察下自由探索）。

在图 2.4 中，我们展示了玛丽亚应该如何使用计划工具。

课程实施步骤

（告诉我，向我演示，帮助我，让我来）

区域活动开始前

- **告诉**幼儿，他们将在感官区探索雪。讲述他们将如何观察雪的触感和外观，以及他们将会注意到随着温度的变化雪会发生什么变化。
- **展示**材料（工作服、杯子、漏斗和雪）以及如何使用它们。向幼儿展示应该如何共享漏斗，并在桌子上放雪。在示范的过程中，使用“融化”“冻结”“寒冷”和“潮湿”等词语。
- **帮助**并指导幼儿做出他们将在活动区中要做的事情。当他们的表现符合要求时，鼓励他们说出自己的想法。
- **提醒**幼儿本周每个人都有在感官区进行探索的机会。

在感官区中

- **回顾**整个活动、学习目标以及如何使用材料。
- **让**幼儿一起探索雪，询问他们注意到了什么，鼓励他们使用“融化”“冻结”“寒冷”和“潮湿”等词语。

图 2.4　玛丽亚的课程实施步骤

预测隐患。有效的课程计划工具将提醒幼儿教师思考针对隐患的新计划，以此支持幼儿教师发挥执行功能。也就是说，该工具应通过提醒教师提前思考（或“预测”）幼儿在集体、独立学习与玩要时经常出现的问题，以促进教师灵活地思考。通过预测隐患，幼儿教师可以主动制定策略，避免隐患的发生，将情感和认知集中于课程和幼儿。例如，计划的“教学预测”部分要求幼儿教师考虑幼儿的前期经验（在内容和课堂程序方面）；评估幼儿可能需要的行为支持和社会支持，以有效地观察整个活动；思考当幼儿没有积极参与活动时（例如，他们在不同的学习小组，或者安静地坐着看书），应该如何保证他们的参与度和专注力；并且计划如果幼儿提前完成任务或者

需要更多时间来完成任务时应该怎么做。图 2.5 提供了一些预测示例，引导教师在制订课程计划之后和实施课程计划之前注意预测隐患。

- ☐ 为了充分开展这项活动，幼儿需要更多的背景知识吗？
- ☐ 我是否应该介绍或重复某些特定的行为要求？
- ☐ 幼儿是否需要学习如何使用材料？
- ☐ 活动期间，是否有幼儿在等待或观看？我应该如何调整活动，让所有幼儿都参与活动？
- ☐ 如果我与一个小组的幼儿一起参与活动，那么教室里其他区域的幼儿知道他们应该做什么吗？ 我应该如何准备，使他们在没有我的直接支持下也能学习和游戏？
- ☐ 如果幼儿提前完成任务，他们应该做什么？或者他们需要更多时间来完成任务，应该怎么办？

图 2.5 预测清单

再回到对玛丽亚的思考上。她如果能够预测到新的区域活动可能给幼儿带来的兴奋感，并预测到幼儿在争夺参与机会时可能发生的推搡和碰撞，就可能会做好更充分的准备。例如，只是在艺术区投放足够的胶棒就可以让旁边感官区的活动进行得更顺利。

工具 2：教学反思

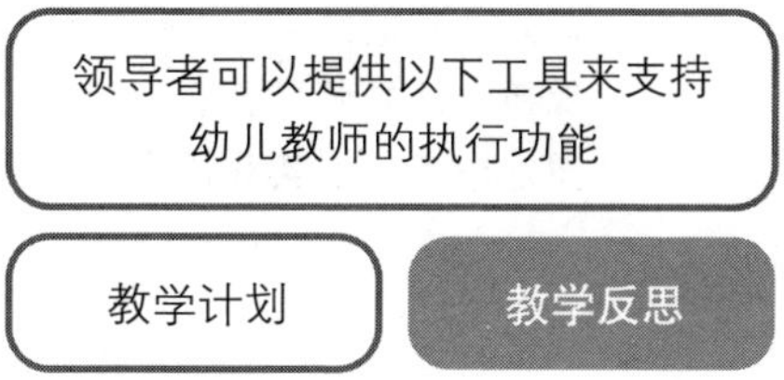

在忙碌喧嚣的幼儿学习环境中，有时幼儿教师最没有时间做的事情就是教学反思——他们必须迅速思考下一个目标、下一个活动和紧接着的一

天！这个职业的快节奏以及总是处于“忙碌中”的特点意味着教师进行深度反思的时间和精神空间必须处于教学环境之外，对于情绪反应的反思也是如此，这将在下一章节讨论。在与教师的合作中，在每次专业学习共同体（Professional Learning Community，PLC）研习会（见第 7 章）和辅导会议（见第 8 章）中，教师都有很多反思的机会，因此反思成为专业学习常规的一部分。在这里，我们讨论了反思提纲中所包含的内容，它们被用于指导和支持教师发挥执行功能。

支持幼儿教师发挥执行功能的教学反思提纲有什么特点

有效的教学反思提纲不一定是非常复杂或详尽的，实际上也不必如此！有效的提纲既简单又明了，具有几条反思提示：（1）确定围绕课程计划进行的反思性对话；（2）鼓励教师思考特定教学活动的优势和挑战；（3）引导未来的计划。图 2.6 展示了我们用来指导专业学习共同体研习会（见第 7 章）和辅导会议（见第 8 章）的教学反思提纲示例。

日期：________________

反思课程、活动或过渡环节：________________

- 目标和期望是什么？

- 请具体说明哪些地方进展顺利？

- 请具体说明哪些地方有待改善？

- 我是如何发挥执行功能的？
    - 计划：我的计划实施得怎么样？我将如何调整计划？
    - 保持专注并坚持到底：我的计划是否实现了目标？
    - 灵活思考：在实践过程中，我是如何调整计划的？

- 接下来我应该做什么？

图 2.6　教学反思工具示例

围绕有目的的课程计划进行反思性对话。教学反思的第一步包括回顾课程目标。课程、活动或过渡环节的目标是什么？幼儿应该按照哪些步骤来参与活动？如果使用计划工具为课程实施做准备，那么这将有助于教师快速回顾计划。

发现优势和挑战。接下来，反思工具将促使教师思考所计划的课程、活动或过渡环节的优势和挑战。当使用反思工具支持教师发现优势和挑战时，请注意以下事项。

- 所有教学都有优势，即使最糟糕的时刻也是成长的机会。同样，最佳的教学时刻也有调整或提升的空间，这需要强大的反思能力才能注意到那些细微之处，而这正是教师需要努力的地方！例如，幼儿教师玛丽亚最初可能觉得感官区活动一团糟，但她也可能注意到活动中进行得很好的方面，例如，她激起了幼儿的参与兴趣，并且她准备的材料显然能够支持有力的探究式学习。她本可以重新审视计划和学习目标，将最开始的教学重新设计成一个成功的课程。
- 幼儿教师的反思越具体，对理解和指导未来的工作就越有用。有时，最开始的反思是笼统的（例如“幼儿在行动”或“幼儿喜欢这种活动”)。这是很好的第一步。但是，准确地了解发生了什么，以及探究问题发生的具体原因，发现参与和学习的具体机制是很有价值的。例如，玛丽亚可能注意到一些具体的、相互关联的问题，比如幼儿在玩耍时难以注意到她对于词汇的讲解，以及不知道如何正确地探索雪。然后，一旦分析了这些详细的信息，更适宜的做法可能就会自然显现出来。在这个例子中，常见的做法是让幼儿在区域活动开始之前回顾和实践他们对于雪的探索。
- 在教学反思中，教师可以反思自己对执行功能策略的运用，如计划

（即为学习活动做准备）；自我控制（即保持专注并坚持到底）；以及灵活思考（即根据幼儿的需求及时做出调整和决定）。在玛丽亚的例子中，在感官区课程和活动的背景下，当时有几个因素阻碍了她运用执行功能策略。在上课之前，她没有预测可能出现的问题并为之做好准备（例如，孩子们挤在感官区），因此她没有准备好解决这些问题；反过来，她的注意力不够集中（例如，她不记得想教的词汇），且难以解决问题。记住，以上几点都不表明玛丽亚缺乏执行功能策略！相反，它们是可以帮助玛丽亚了解自己难以顺利发挥执行功能这一情况的重要依据。

引导未来的计划。支持教师运用执行功能策略的反思工具，能够将教学反思与未来计划联系起来，以加强教师自我认识和改进实践之间的联系。重要的是，需要认识到反思和计划是相互支持、相互促进的协同过程。在第9章，我们重新审视了计划与反思的关系，重点关注促进机构改变的探究循环。在玛丽亚的例子中，她可以利用从反思中获得的一些想法来调整教学计划，从而“预测”可能发生的问题。她也可以改变引入新活动的方式——在儿童开始活动之前对活动进行解释、示范和实践，并将关键材料放在幼儿面前。

总结：引领增强教师执行功能的学习环境

当致力于增强幼儿教师的执行功能时，我们会想到，这里描述的计划工具和提纲只是一个提供支持的平台，而它们本身并不能提供支持。例如，设计课程计划工具是第一步，这很重要，该课程计划工具着重于执行功能策略，它必须伴随持续的指导和有益的合作。有针对性地向教师提供计划和反思工具，这是幼儿教育领导者的责任（并牢记教师的忙碌！）。他们也有责任思考，如何支持教师使用这些工具。

- 除了填表格，幼儿教师是否有时间进行计划和反思？
- 是否存在用于支持计划和反思的合作性对话方式？
- 是否有适当的支持能够帮助幼儿教师有时间进行计划、反思与合作，从而对教学产生影响？

可以使用图 2.7 提供的自我反思工具，思考在你所处的机构中能够支持幼儿教师有效发挥执行功能的方式。图 2.8 提供了一个课程计划工具示例供你使用。接下来，第 3 章深入探讨关注幼儿教师情绪调节的重要性，讨论反思如何支持高质量的教学以及教师的自我认识。

幼儿教师已有的和运用的执行功能策略	这种策略到底是什么	如何支持幼儿教师使用这一策略（例如，示范其日常使用方法，通过专业发展促进实践）	为了进一步支持幼儿教师使用这一策略，还可以做些什么
计划	根据幼儿的学习方式安排学习活动，使学习活动符合教学目标，同时包括应对预期挑战的策略		
反思	了解教学活动的优势和挑战，据此引导未来计划		

图 2.7　自我反思：引领增强教师执行功能的学习环境

学习目标：

学习活动：

四个“W”	课程实施步骤
谁参与？□全班　□小组 在哪里开展这项活动？ 何时开展这项活动，持续多长时间？ 教师和幼儿需要什么材料？	（告诉我，向我演示，帮助我，让我来！）

图 2.8　课程计划工具示例

第3章

有效的情绪调节：管理情绪以促进教与学

杰达疲惫不堪地来到探索幼儿学习中心。前一天晚上，她因为安抚她蹒跚学步的孩子突发的哮喘很晚才睡。她的搭班教师玛丽亚今天早上第一个来到教室，当杰达到达教室时，教室里已经挤满了孩子。杰达挂上外套，她觉得教室里异常混乱。玛丽亚正在尽力安慰两个哭泣的孩子，角落里的水槽似乎又堵塞了，水可能要溢出来。杰达注意到，早餐还没有被端出来——她首先应该做的是解决这件事情；然而，她还需要为圆圈时间做好准备。

杰达的身体开始感到紧张，心跳加快，她感到不知所措。“这将是艰难的一天。”她心想，也意识到只有她才能扭转局面。当她思考如何才能最好地控制当下的紧张局面时，突然听到一声巨响。杰达转头看到总是惹她生气的安东尼推倒了彼得努力搭建的城堡。更糟糕的是，安东尼看起来竟毫无悔意。杰达觉得自己快要无法保持冷静和专注了，思忖着如何缓解当下的局面。她走近安东尼，安东尼正手拿一块积木，举过头顶，胡乱挥舞，差点打到另一个孩子。“不！”杰达大叫，吓到了周围的孩子，一个小女孩因此大哭起来。

与全国各地从事幼儿教育工作的同事一样，杰达正在努力履行专业职责来支持幼儿的发展。幼儿教育工作需要教师每天都承担体力、情感和脑力劳动——管理挑战性行为和回应不可预测的反应——同时保持专业学习。在这个特殊的时刻，杰达努力调节情绪。她认识到自己的情绪反应（即感到不知所措），并且意识到需要使用一些策略，这是两个重要的步骤。但在这种情况下，她的情绪调节能力很快就被耗尽了，冷静的能力也下降了。当杰达察觉到班级情况正在恶化时，消极的自我对话，即她认为这将是艰难的一天，以及认为安东尼对破坏城堡毫无悔意，只会加剧她所面对的困难。可以肯定的是，杰达大声喊出的“不”显然不是幼儿教师面对班级中的挑战性行为想要做出的反应。然而，杰达没有造成不可挽回的损害，她随时都可以扭转局面，毕竟紧张的加剧不一定会导致“艰难的一天”。事实上，艰难互动后的关系修复是一次绝佳的学习机会。不过，这样的时刻对教师与幼儿来说都是有压力的，因此应该保持在最低限度。

有过像杰达这样的经历——压力越来越大，很难应对——的幼儿教师很容易处在情绪表达的边缘，无益于解决当前的情况。本章将首先讨论为什么会发生这种情况，以及什么是有效的情绪调节，然后提供一些幼儿教师可以用来调节情绪及保持高质量学习环境的策略。

幼儿教师如何有效地调节情绪

情绪调节包括认识到自己的感受，以适合情境的方式进行表达，并管理包括负面体验在内的各种感受（Denham，Bassett，& Zinsser，2012）。情绪调节能力能够帮助我们保持或恢复冷静，坚持度过充满挑战的时刻。虽然我们都需要这些能力，但幼儿教师必须能够更好地拥有和使用这些能力（见图 3.1）。

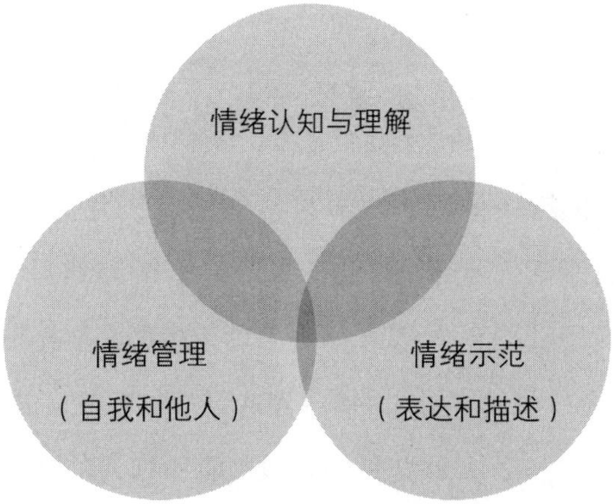

图 3.1　幼儿教师的情绪调节技巧

对幼儿教师来说，有效的情绪调节意味着能够在不可预测和情绪激动的情况下利用各种资源（Jennings & Greenberg，2009）。与第 2 章的执行功能一样，幼儿教师的情绪调节能力取决于具体情况。他们如果要保持冷静，发挥能力，并帮助幼儿学习调节情绪，就必须在面对不断升级的紧张局面时保持高水平的情绪调节能力。

幼儿教师通过示范情绪调节，向幼儿直接和间接地展示如何应对困难的情况。如果处理得当，情绪激动的时刻也会成为教学契机（Denham et al.，2012）。幼儿一直通过观察教师，从他们应对挫折、管控班级以及对在某个时间表达愤怒、焦虑或悲伤的幼儿所做出的反应中获得学习（Jennings & Greenberg，2009；Jones et al.，2013）。示范情绪表达不仅包括以有效的方式交流情感，还包括及时、具体、一致地描述情感——明确地说出教师和幼儿体验到的情感，从而帮助幼儿学习情绪词汇，形成班集体的共同语言、规范和惯例。

有效的情绪调节对教与学的作用

当幼儿教师准备好有效地调节自己的情绪，并达到一定程度时，他们就为高质量的学习环境做好了准备。詹宁斯和格林伯格（Jennings & Greenberg，2009）开发了一个基于研究的理论模型来描述情绪调节是如何与良好的关系相结合（见第 4 章），从而促成健康的班级氛围的。他们关注三种具体的方式（见图 3.2），这些是幼儿教师有所作为的基石。在这里，我们简单讨论健康的班级关系、有效的班级管理和幼儿的情绪发展是如何依赖教师有效的情绪调节的。

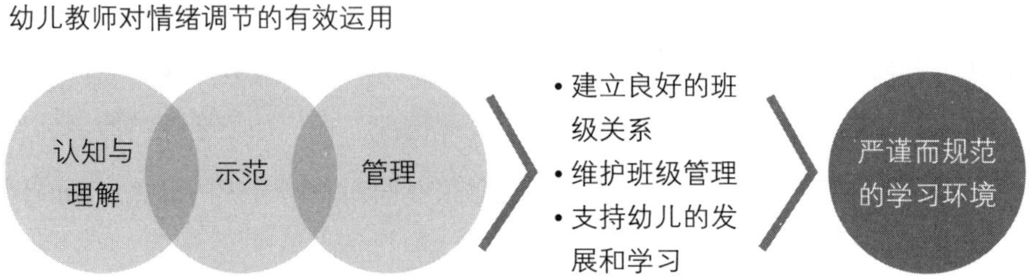

图 3.2　幼儿教师有效的情绪调节与高质量的班级环境

建立良好的班级关系

师幼关系

师幼关系对幼儿的健康发展至关重要，事实上，幼儿教师被认为是幼儿的依恋对象（Howes & Spieker，2016；Phillips，2016）。就像亲子关系一样，当依恋在情感上得到回应、能够预测和令人感到安全时，对幼儿的好处是切实可见的。对幼儿来说，良好的师幼关系是一种使幼儿免受压力等不利影响的保护机制（Badanes，Dmitrieva，& Watamura，2012），有助于增强幼儿的参与度与胜任感（Jones et al.，2013；Mashburn et al.，2008；Pianta，2003；Raver，Garner，& Smith-Donald，2007）。

同伴关系

幼儿教师的情绪调节也在幼儿与同伴的关系中发挥作用。早期的同伴关系对幼儿的发展至关重要，在社交中被排斥或被迫屈从（即被戏弄、威胁或攻击）的经验对幼儿的社会情感功能和幸福感等方面的发展都有不利影响（Obradović，Shaffer，& Masten，2012；Phillips，2016）。在班级中，教师的情绪反应直接反映了幼儿之间的互动方式，特别是在对待弱势幼儿方面。当安东尼推倒城堡后，杰达对安东尼的严厉回应，向其他幼儿展示了一种处理问题和对待同伴的方式。尽管杰达是出于维护班级幼儿安全的意图，但她的反应可能会对幼儿学习如何对待彼此产生负面影响。相反，教师应该深呼吸，平静地回应安东尼的行为，使用清晰的语言表达对于该情况的感受，采用积极的情绪调节策略，防止班级中幼儿负面情绪的进一步升级（即小女孩可能不会大哭）。

维护班级管理

有效地管理班级需要幼儿教师保持平静，感觉班级在自己的掌控当中，并使用积极情绪培养幼儿对学习的兴奋感（Carlock，2011；Jennings & Greenberg，2009）。对正在受情绪困扰的杰达来说，这意味着，在她恢复冷静之前将继续应对管理班级的困难。她的消极行为会影响幼儿的行为，从而进一步挑战自己的情绪。

支持幼儿的发展和学习

幼儿的情感发展

正如前文所述，教师可以以多种方式积极影响幼儿情绪调节能力的发展。他们可以通过示范有效管理自己的情绪和行为的策略，使幼儿参与热情、积极的互动，并明确地教给幼儿可以用来调节自己情绪的策略（Carlock，2011；Jennings & Greenberg，2009；Jones et al.，2013；Maurer & Brackett，2004；Roeser et al.，2012）。即使杰达的情绪调节能力已经到了失控的地步，但此时仍是一个学习的机会——杰达可以向全班幼儿展示如何采取措施来修复已经出现的问题。通过示范和实践，这些学习机会能够支持幼儿情绪调节能力的快速发展并支持幼儿的需求。

注重学习的班级氛围

当幼儿教师能够有效地调节自己的情绪时，他们不仅能够支持幼儿情绪调节能力的发展，还可以为幼儿的学习创造必要的条件。当幼儿教师保持冷静和自我效能感时，他们就可以专注于教与学。前文提到幼儿教师的情绪调节可以有效促进班级管理，也就是说，班级管理与班级学习机会存在互惠关系：当环境具有认知刺激时，幼儿更有可能专注于任务，避免出现问题行为。就杰达而言，她虽然对一天的学习活动有一个丰富的计划，但在这种情况下，她很难在无法重新调整自己情绪的情况下让幼儿参与深度学习。

支持教师在班级中调节情绪的策略

在班级中，教师如何发挥情绪调节能力，甚至是在面临棘手问题的情况下？在与幼儿教师的研究和合作中，我们开发使用了几种策略，这些策略已经成为他们情绪调节“工具箱”中不可或缺的组成部分。在此，我们重点介绍以下策略：

- 支持情绪认知与理解（即观察和注意、记录和反思）;
- 促进情绪管理（即应对负面压力所致的生理反应，以及加剧压力的想法和认知）。

支持教师使用情绪调节策略：专业发展是关键

在深入研究情绪调节策略之前，务必记住，支持幼儿教师在班级中的情绪调节能力并不意味着撒手不管，让教师们独立使用。相反，支持有效的情绪调节意味着必须在持续的合作式学习共同体的背景下，鼓励、实践和加强情绪调节策略的使用（见第 7 章），然后通过与实践相关联的辅导会议来巩固和改进教师对于策略的使用（见第 8 章）。在为促进专业发展而精心创设的环境中，情绪调节策略将得到加强，特定的策略会成为常规的策略。如果没有这种有意义的支持，教师所获得的学习会减少，在使用策略时也可能存在偏差。考虑到专业发展的重要性，我们现在倾向于实际可行的策略。

久而久之，我们可以支持幼儿教师运用这些情绪调节策略作为一系列步骤来保持或恢复平静和自我效能感，甚至是在棘手的时刻（见图 3.3）。

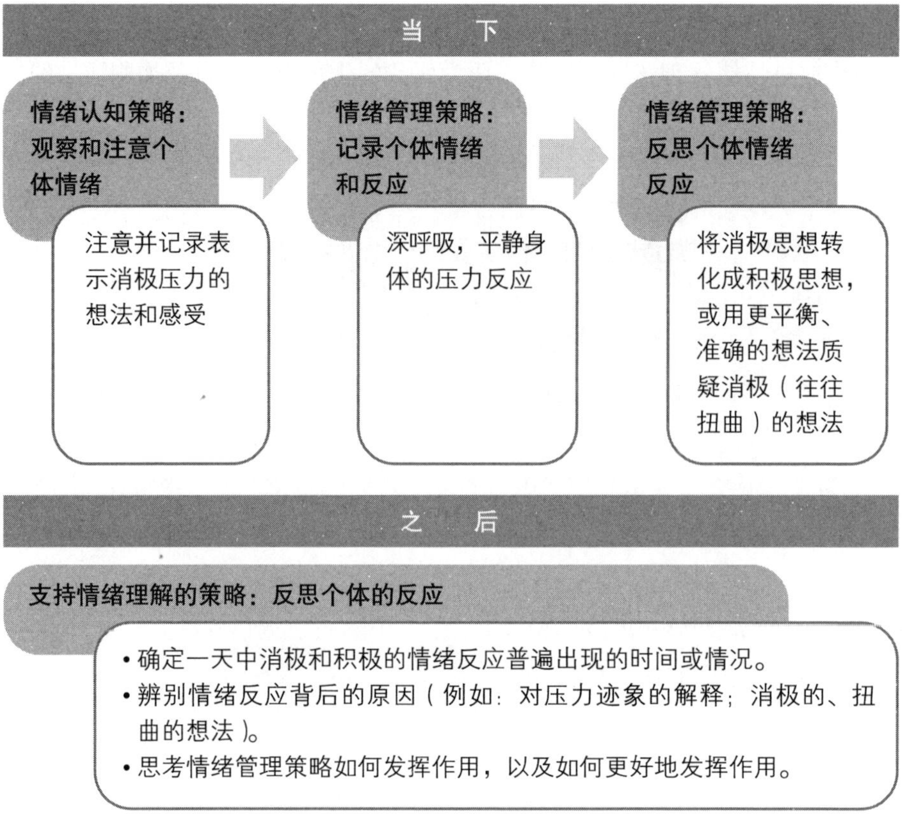

图 3.3　幼儿教师情绪调节的步骤

情绪认知与理解策略：观察、记录和反思

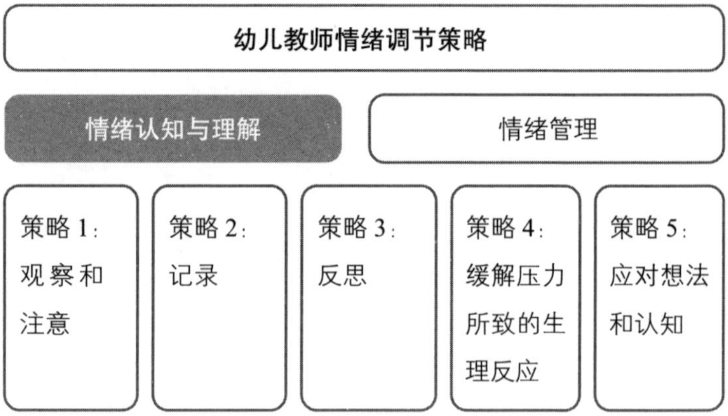

观察、记录和反思已经是高质量幼儿教育实践的重要组成部分。然而，这些策略通常侧重于促进幼儿教师对幼儿在班级

中的优势和需求的认识。在这里，我们采取了一种不同的方法——侧重于幼儿教师对日常班级情境的情绪反应（即身体或大脑中的感觉、自动思维、下意识反应），以及这些反应之前和之后的互动。为了评估幼儿教师在班级中的情绪认知，我们把情绪认知与理解策略分成几个关键部分。

策略 1：观察和注意个体情绪

当幼儿教师把握自己的“情绪脉搏”时，他们是在有意识地对眼前的情况做出谨慎的反应。但是要明确的一点是：在情绪激动、快速变化的情况下，退后一步思考自己的反应并不容易。这是一种抽象而复杂的认知行为，即使在相对平静的环境下也是比较困难的。在与教师的合作中，我们发现了一个共同构建的、具体的、可视化的工具，它框定了调整情绪反应的方式，且可以促进幼儿教师使用这种情绪调节技术。我们创建了一个标有刻度从 1 到 5 的“压力计量仪”来展现教师对班级某些时刻的反应（见图 3.4 中已填的示例和图 3.5 中供你使用的空白版本）。值得一提的是，一定的“压力”对幼儿教师来说是健康的，也是必要的，可以让他们感到有动力做好自己的工作。健康的压力水平（压力计量仪上的 3 级），可以使教师既专注又充满能量。然而，计量仪上的两个极端数字是不健康的：伴随着能量流失而产生的难以管理的压力，或者伴随着强烈的能量而产生的难以管理的压力。两者都影响人的动力和效率。在这种情况下，教师的压力反应会阻碍工作，他们所掌握的良好教学知识更难以发挥作用。我们鼓励教师在一天当中停下来注意自己的压力处于压力计量仪上的何种水平。为了便于观察，把压力计量仪放在容易看到的地方可能会有所帮助。

压力计量仪

注意情绪水平

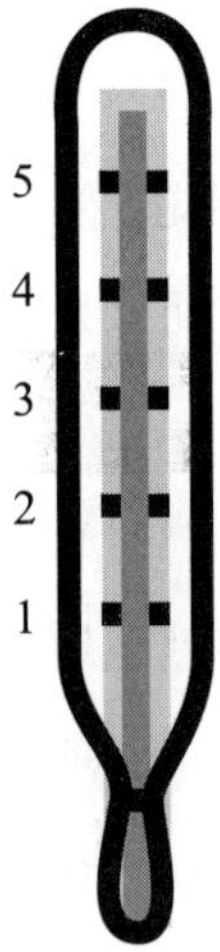

说明：请在方框中列出描述你的压力反应的词语。

压力过大：高能量

不耐烦，紧张，愤怒，记忆问题，不知所措，更容易崩溃

压力适中

精力旺盛，友好，快乐，积极，专注于工作

压力过大：低能量

筋疲力尽、情绪低落、疲惫、食欲不振、无助、气馁

图 3.4　注意情绪反应的工具示例：压力计量仪

压力计量仪

注意情绪水平

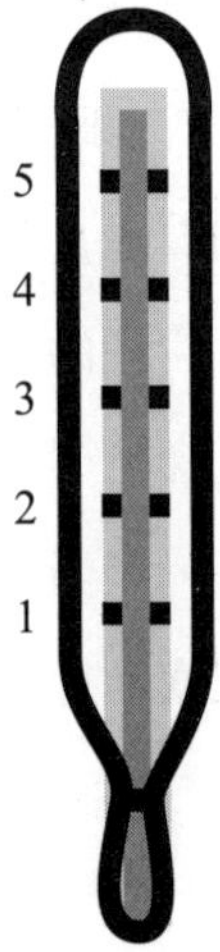

说明：请在方框中列出描述你的压力反应的词语。

压力过大：高能量

压力适中

压力过大：低能量

图 3.5　注意情绪反应的工具：压力计量仪

此外，值得强调的是，压力计量仪中的语言描述是由与我们合作的教师提出的。我们发现，教师对这种工具的语言和功能的理解与使用，对于成功支持他们的情绪调节至关重要。

策略 2：记录个体的情绪和反应

一旦教师有共享的工具（和一种共享的语言）来注意他们对班级日常情况的反应——就像前文介绍的压力计量仪，我们就可以支持教师记录这些反应。为什么要费心记录？当幼儿教师一致、正式地记录自己的反应，以及触发这些反应的因素时，他们就在收集非常重要的数据。随着时间的推移，班级情绪的模式就会出现，反应和互动的趋势也会形成。此外，有时像记录这样的简单行为可以帮助我们获得当下的视角（Pennebaker & Smyth，2016）。

在与幼儿教师合作设计一个用于记录回应的有效工具时，我们的合作伙伴使我们知道，这个工具应该有一块空白来简要记录所注意到的内容。换句话说，记录不应该是一个耗时的过程。最终，我们发现，每周几次在便利贴上速记少量信息是可行的，可以为思考收集有用的信息，我们称之为“压力日志便签”（见图 3.6）。一些教师将速记与压力计量仪结合，通过写下数字 1 到 5 代表他们的情绪反应，并快速记录成人和儿童在做什么。图 3.6 所示的便利贴是参与教师的样例。

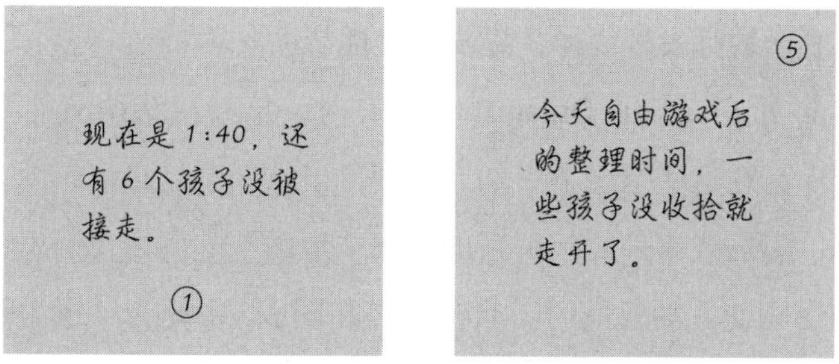

图 3.6　记录情绪反应的工具示例：压力日志便签

策略 3：反思个体的情绪反应

当教师反思他们所注意到的和记录的东西时，他们的情绪认知开始转变为情绪理解。但是努力支持幼儿学习和发展的教师并不总是有时间或精力进行深入反思。虽然幼儿教育的快节奏不应阻止教师反思情绪反应，但请记住，深入反思的时间必须在教学环境之外。在与幼儿教师的合作中，每次的专业学习共同体研习会（见第 7 章）和辅导会议（见第 8 章）都会让幼儿教师有多种机会反思自己记录的“注意事项”，他们相互支持以确定一天中热点出现的普遍时间或情况，以及促进教师最佳教学和幼儿最佳学习的实践。依据背景和目标的不同，可通过以下几种形式促成情绪理解。

反思型提示。有时，教师可以依靠开放式问题进行反思，如：“你注意到了什么？”“是什么让这具有挑战性？”“什么进展得顺利？”“你观察到什么模式？”平时，教师可以针对某一特定的情绪调节目标使用更具体、开放的提示，如：“一天中的哪些时间总是具有挑战性？”“当你以特定的方式做出反应时，会发生什么？”“在困难的时刻，你会产生怎样的想法？”

分类和图表。幼儿教师也可以通过反思将情况或反应进行分类，并将注意到的内容放到绘制的图表中，以发现其中的规律。例如，幼儿教师可能会把他们共同的挑战性时刻汇总起来，按照能控制和不能控制的情况进行分类（我们发现，情况最后通常都介于二者之间）。或者，教师可以一起完成一个图表，按照一天中的时间、环境、幼儿行为、成人行为来梳理具有挑战性的情况，这有利于教师发现规律，提供针对性帮助。

信息组织图（Graphic Organizers）。有时，培养情绪调节能力需要结构化的反思程序。在这些情况下，幼儿教师可以求助于信息组织图（即用符号来表达主题、想法或事件之间关系的视觉“地图”）。例如，当思考自己的情绪反应如何影响幼儿的反应时，教师可以在图 3.7 中题为“压力流”的信息组织图上查看结果。

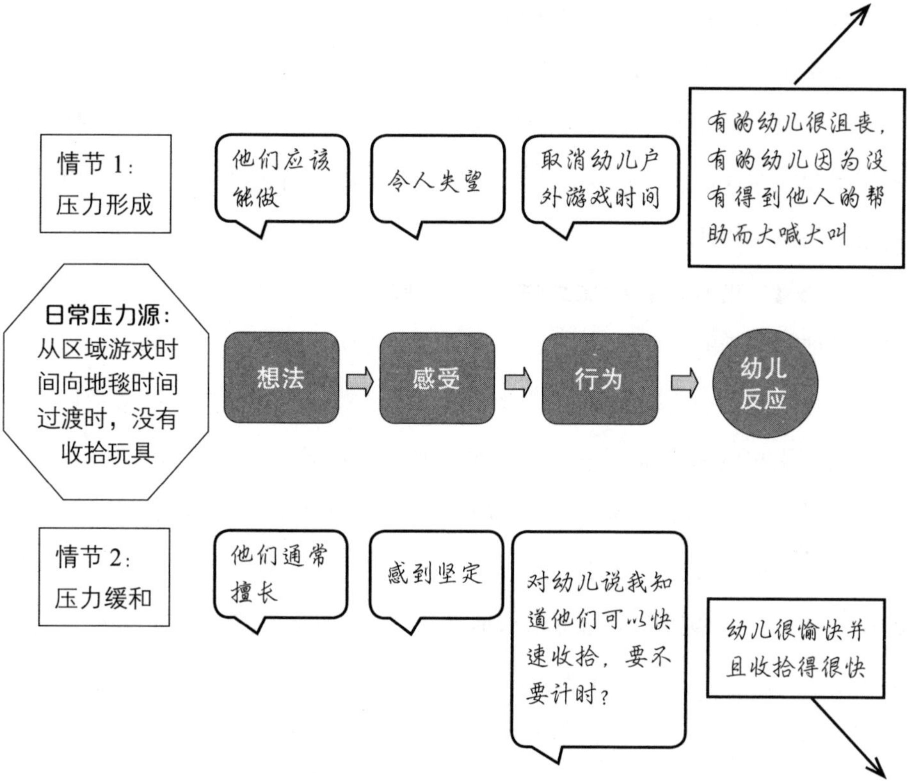

图 3.7　支持情绪反思的信息组织图示例：压力流

情绪管理策略：应对负面压力所致的生理反应，以及加剧压力的想法和认知

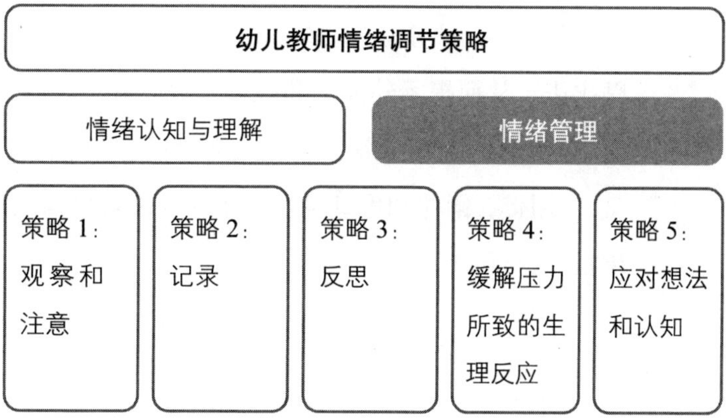

当通过实践并鼓励观察、记录和反思来支持教师的情绪认知与理解时，我们正在朝着创造条件的方向迈出重要的一步，

使教师能够运用和提高情绪调节能力。另一个重要的步骤是支持教师的情绪管理策略。情绪认知的关键价值在于能够利用这种高度的理解来引导反应，对教师来说，这需要使用有效的情绪管理策略。班级中有哪些有效的情绪管理策略呢？在这里，我们关注两种类型：缓解压力所致的生理反应，表达引发压力的想法和认知。

策略 4：缓解班级中压力所致的生理反应

当情绪加剧时，它们会在头脑和身体中有所体现。杰达的经历突显了这一点：身体紧张、心跳加速，感觉不知所措。对幼儿教师来说这很常见，一旦他们识别出这些反应，下一步就是缓解压力所致的生理反应，平静下来，清晰地思考。虽然看似简单，但缓慢而有意识的呼吸实际上抵制了身体的自动压力反应，并减少了压力的迹象。在与教师的合作中，我们采用了大量的研究结果，这些研究指出有意识地深呼吸是使情绪恢复平静的一种强有力的方法（Porges，Doussard-Roosevelt，& Maiti，1994）。慢慢地深呼吸不需要很长时间，重要的是，它不需要幼儿教师像其他放松策略那样离开当下的情境。

此外，当幼儿教师深呼吸时，他们不仅帮助自己平复情绪，而且为幼儿示范了应该如何使用相同的方法。因此，我们向教师提供侧重于教授教师和幼儿深呼吸的工具，使他们能够重新获得平静和专注。这个工具会让幼儿“闻花香，吹蜡烛”。图 3.8 展示了一种直观教具，教师可以在教室里张贴出来，从而提示幼儿（和他们自己）在面对挑战时进行深呼吸。在这种简单而有趣的呼吸方法中，幼儿学会想象着闻花香——吸气、吹蜡烛——呼气。（用带有鲜花和生日蜡烛的图片，你就可以在教室里做一张大的深呼吸墙报。）

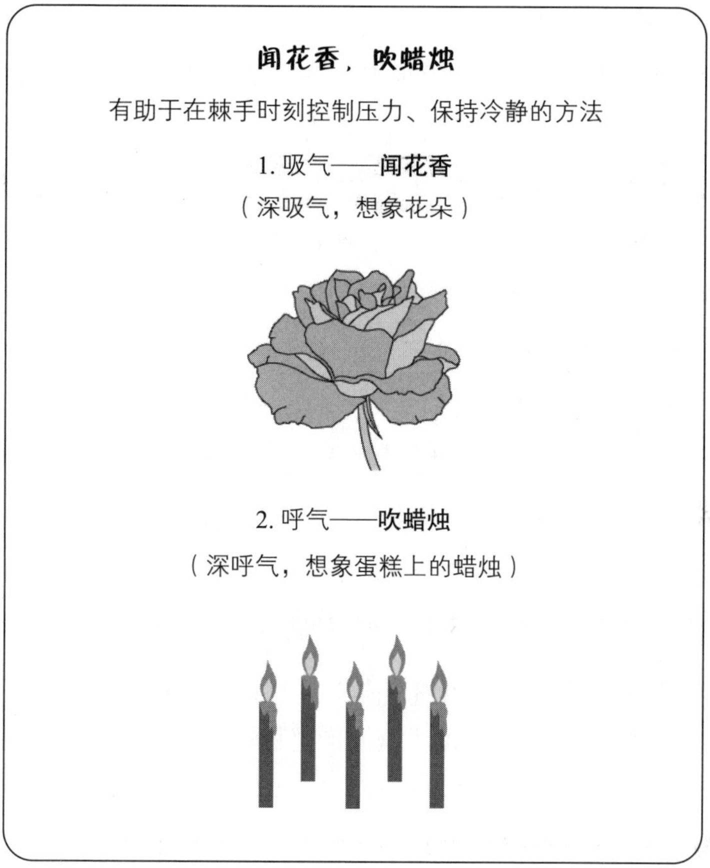

图 3.8　班级海报：闻花香，吹蜡烛

策略 5：在班级中应对想法和认知

如果教师正在使用前文所描述的情绪调节策略，他们就会有意识地观察到表明消极压力越来越大的想法和感觉，并尝试把这些想法和感觉记下来。然后，他们开始深呼吸，缓解生理上的压力反应。

理想情况下，这些积极有效的情绪调节步骤会迅速发挥作用。然后，随着恢复镇静，教师将准备好迈出情绪管理的下一步：表达有关困难加剧的想法（或“认识”）。我们建议教师使用心理学研究中常见的两种特定的认知策略来应对加剧压力的想法。

将消极的思想转化为积极的思想。在困难的情况下，大脑通常会下意识地进行一连串的“自我对话”，这会使情况变得越来越消极。对幼儿教师来说，这些消极的思想会加剧而非缓解棘手的班级状况。然而，有目的地将消极的思想转化为积极的思想，往往可以引发更有益的思考。例如，在杰达的例子中，她可以将消极的思想“这将是艰难的一天”转化为积极的思想，比如“我以前在早上处理过困难的情况，我也能处理好今天的情况”。在与教师的合作中，我们支持他们提出自己个性化的积极思想来应对棘手的班级情况。具体来说，我们鼓励他们想象一个可以看得到的对象—— 一个人、一个地方或一个物体——给他们带来一种平静的感觉。然后，让他们想出一个与他们产生共鸣的积极的短语或句子。当教师情绪消极时，这种形象和短语就会浮现在他们的脑海里，使他们产生积极的思想。

挑战消极的思想。应对消极的思想，第二个策略是挑战它们。对许多教师来说，在困难的情况下涌入脑海的消极思想通常是不准确的（“我是一个糟糕的老师！”）或者是扭曲的（“这些孩子从来不打扫卫生！”）。此外，当思维受到高压影响，思想变得不准确和扭曲时，教师的负面情绪就会增强，调节情绪能力就会减弱。那么在班级中如何挑战消极的思想呢？在与教师的合作中，我们向他们展示了心理学研究中最常见的思维扭曲类型（见表 3.1）。然后，教师们找出最熟悉的思维扭曲情况，并讨论他们面对这些消极思想的经历。接下来，我们马上在反思对话中使用简短的班级案例来练习挑战消极的思想。例如，一位教师记起她的想法，“我不太擅长教学”，然后举出证据来证明这种想法是真实的（“今天，一个孩子打伤了另一个孩子，而我没能阻止这场冲突”）和错误的（“我已经帮助许多孩子学会如何做出安全的选择，写下名字，享受阅读”），从而创造更平衡和准确的想法（“我还在想办法帮助孩子学习如何在发脾气之前冷静下来，但这

并不意味着我是一个糟糕的老师——我是一个竭力尝试支持幼儿学习，确保幼儿安全的好老师”）。我们还使用了一份应用材料（见图 3.9）来支持教师应对消极的思想。

表 3.1　思维扭曲的常见类型

类型	表现	班级案例
心灵感应	你认为你知道他人的想法。	“那位家长不关心她的孩子。”
预判未来	你对未来进行预判，认为事情会变得更糟糕。	“我的搭班老师不在，所以这会是艰难的一周。”
小题大做	你认为事态会发展到无法掌控的地步。	“如果我不能完成这个任务，那将是一场灾难。”
自我谴责	你为负面事件自责。	“孩子们出现不良行为，是因为我是个糟糕的老师。”
以偏概全	你仅根据一个事件对一个人或一种情况做出总体的结论。	“这些孩子从来不打扫卫生。”
非黑即白	你认为人、事或情况要么都是好的，要么都是坏的。	“那次活动的所有计划都是浪费时间。”
只重应然	你根据你认为事情应该是怎样的来解释事件，而不关注它们实际上是怎样的。	“他现在应该会写自己的名字了。”
感觉先行	对事件的感受引导你对客观现实的解读。	“我觉得自己没用，所以我知道我是个糟糕的老师。”

注：来自 Leahy（2003）。

挑战消极的思想

可以用这三个步骤挑战消极的思想，这是一位幼儿教师的例子。

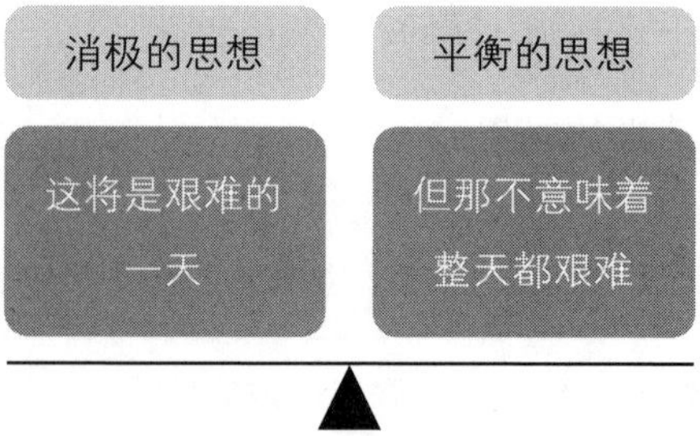

挑战消极思想的步骤	案例
第一步：识别消极思想	• 今天将是艰难的一天。
第二步：思考消极思想的支持证据	• 许多孩子在捣乱。 • 几个孩子在哭。
第二步：思考消极思想的反驳证据	• 我不知道今天将会发生什么。 • 我早上遇到棘手情况时往往后续会有好转。
第三步：形成平衡的思想	• 早上遇到棘手的情况，不意味着一整天都会很艰难。我可以处理好这种情况，让孩子们做好活动准备。

现在，请你以一个消极思想为例尝试运用上述步骤。

挑战消极思想的步骤	我的思考
第一步：识别消极思想	
第二步：思考消极思想的支持证据	
第二步：思考消极思想的反驳证据	
第三步：形成平衡的思想	

图 3.9　应用材料：挑战消极的思想

为什么要关注教师在想什么？因为思想、情绪和行为紧密相连。过于消极的想法会直接助长无法控制的压力感，进而对手头的情况做出无益的反应。回到杰达的案例，当她看到班级情况变得越来越糟时，她的想法导致困难升级，她冲动地做出反应，对幼儿大喊大叫，加剧了这高度紧张的时刻。在这种情况下，以上两种策略是有用的，有助于在专业学习共同体研习会或辅导会议期间构建和指导反思性对话。

总结：引领可控的幼儿教育环境

为了保持稳定的冷静感并汲取激励的能量，幼儿教师可以而且必须调用大量的管理资源：关注情绪反应，理解反应背后的原因，使用情绪管理策略缓解反应（不可避免地）出现时随之而来的困难情绪。当幼儿教师获得有效调节情绪所需的支持，并很好地做到这一点时，他们就可以有准备地提供高质量的学习环境，在这种环境中，人际关系健康发展，过渡环节和日常活动顺利进行，幼儿的学习和发展不断得到促进。

这对幼儿教育领导者意味着什么？这意味着，如果不注意工作条件和为幼儿教师提供的促进（或阻碍）情绪调节的专业支持，就不能指望他们持续专业地加强其情绪调节策略的使用。所有的领导者，无论是学前教育的监管者和主管者，还是地区和州的决策者，都应该努力创设可控的学习环境，让幼儿教师尽可能地做好工作。要做到这一点，教师需要进行以本章所述策略为目标的、持续的专业发展，这些策略会支持幼儿教师在班级中发挥情绪调节能力。

使用图 3.10 中提供的自我反思工具，思考幼儿教师有效的情绪调节策略如何在学习环境中发挥作用。接下来，我们将在第 4 章探讨关注情绪调节的亲密伙伴——建立关系的重要性。

幼儿教师的情绪调节策略	这种策略到底是什么	如何支持幼儿教师使用这种策略（例如，示范其日常使用方式，通过专业发展促进实践）	如何进一步支持幼儿教师使用这种策略
情绪认知策略：在班级中观察自己的情绪反应	注意并记录标志消极压力的想法和感受		
情绪理解策略：反思自己的情绪反应	确定一天中消极和积极情绪反应常见的时间；辨别情绪反应背后的原因		
情绪管理策略：缓解消极压力所致的生理反应	深呼吸，平静身体的压力反应		
情绪管理策略：应对加剧压力的想法和认知	将消极思想转化成积极思想，或用平衡、准确的想法克服消极扭曲的想法		
情绪理解策略：反思自己对情绪管理策略的使用	思考如何更好地调节情绪		

图 3.10　自我反思：反思情绪调节策略的有效对话

第4章

培养良好的人际关系：从培养教师的社会交往能力开始

杰达面带微笑走进探索幼儿学习中心的教室。上周外出照顾儿子时，她很想念孩子们。能够在这周周一早上回来，她很高兴。但当杰达走进教室，看到涂满胶水的手、鞋子、地板和桌子时，她的笑容很快就消失了。玛丽亚和一群孩子在一个区域做混凝纸；在杰达眼中，教室里的其他地方都是兴奋过头的孩子——他们带着鞋子上的糨糊到处跑，并发出"震耳欲聋"的声音。

"孩子们——我们在做什么？"杰达用尖锐的声音问道。玛丽亚微笑着，兴奋地为孩子们回答："我们在做混凝纸行星！"杰达看了看贴在墙上的课程计划，并确认了今天没有提到混凝纸。"我不知道今天早上我们要做手工活动。"杰达扬起眉毛，微微收起下巴回答道。玛丽亚一边搅拌胶水和水一边解释："我觉得孩子们今天一定很想做一个特别的东西。"她犹豫了一下，接着说："你星期五又出去了，所以我没能跟你确认。"

杰达在翻白眼或说一些会令她后悔的话之前，转过了身。她放下东西，拿起一张纸巾，开始清理粘满糨糊的地砖。熟悉的想法立刻出现，她想："玛丽亚本应该坚持开展我花了很多心思计划的活动。况且，我儿子病了也不是我的错。玛丽亚知道，当他哮喘发作的时候，我不能带他去托儿所。”

杰达重重地叹了口气，叫达尼亚、马科和乔丹这几个孩子到洗手池那边，帮他们擦鞋。杰达使劲地擦着，头左右摆动，她气呼呼地说：“我们有一大堆烂摊子要收拾，早餐还没做，都快9点半了。”她情不自禁地觉得，一切都要她来做。

玛丽亚正在艺术桌前忙着，但也听到了杰达说的话，并注意到她尖锐的语气。“她为什么这么生气？”玛丽亚心里纳闷，“杰达说她想做更多的艺术类手工活动，而且她好像总是想让我多做一些课程计划。现在我做了个艺术类手工活动计划，结果她却生气了。”

与此同时，杰达擦完达尼亚的鞋，开始擦马科的鞋。马科感觉到了杰达的愤怒，怀疑自己是否做错了什么，他的下唇开始颤抖。杰达把马科的脚抓得更紧了一点，一边擦一边说：“你哭什么？我才是那个要收拾烂摊子的人。”

杰达和玛丽亚正处于一种常见的冲突中——在幼儿园班级里，两位同事在情绪冲动且不可预知的环境中近距离合作。无论是在合作教学的情况下，还是在其他专业合作的例子中，每个人都有过类似的经历。从两个相互冲突的角度来理解同一段经历是很有挑战性的。分歧是不可避免的，但持续的沟通，特别是在热点出现和决策制定时，有助于防止争论的发生，或在争论出现时建设性地解决它们。

从杰达和玛丽亚在班级中的冲突来看，很明显，保持一段舒适的距离，在分享自己观点的同时尝试理解他人的观点，可能会在这一刻有所帮助。然而，在时常喧嚣的幼儿园教室里，运用这些关系技能可能特别困难。尽管如此，在幼儿以成人为学习榜样的环境中，教师拥有并能运用良好的社会交往能力是非常必要的（National Scientific Council on the Developing Child，2004）。

本章我们将分析培养良好关系所需的技能，并讨论为什么这一套技能在幼儿园班级中是至关重要的。然后，我们确定了支持教师的策略，最后总结了一些工具，它们有助于支持建立和维护牢固的职业关系系统。

如何培养良好的人际关系

在日常生活中，无论是在工作场所、社区，还是作为家庭生活的一部分，有效培养良好的人际关系的能力是获得满足和成功的关键。这种能力的核心是支持与他人积极互动的一系列能力。我们所说的“积极互动”并不是指“没有冲突”，而是指日常的分歧或紧张状态——在任何合作中都是不可避免的，可以通过建设性的沟通来解决。具体来说，如图 4.1 所示，培养良好的人际关系需要：

- 观点采择和移情（即认为他人的观点是有效的，并理解他们，即使他们与自己的观点不同）；
- 理解和解读社交信号，如语言、面部表情、语气以及他人的行为，这使我们能够解读他人行为和言语背后的感知和感受；
- 融入社会环境，包括有冲突的环境（例如参与开放的、有礼貌的对话，理解对方的观点，并在考虑自身需求的同时做出合理的让步）；
- 通过相互理解和协作与他人进行合作（Jones & Bouffard，2012；Jones et al.，2013）。

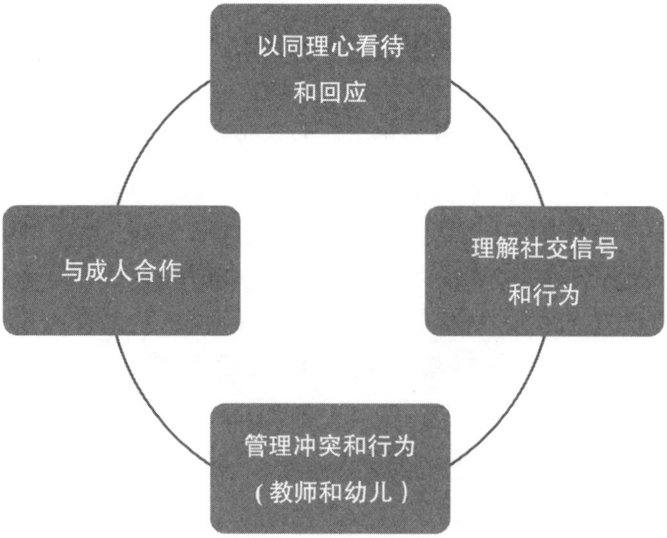

图 4.1 幼儿学习环境中的社会交往能力

在幼儿园班级中，根据幼儿的发展阶段和情境的需要进行观点采择是十分必要的。对杰达和玛丽亚来说，这包括理解或寻求理解，以及马科对教师在艺术活动上的互动和由此产生的混乱的感知。儿童能够感受到教室里的紧张气氛，并将其内化，然后在压力下求助于人际关系和沟通策略：哭泣。在这种情况下，马科被卷入了一连串的冲突；运用社会交往能力对杰达来说很困难，以致她无法有效地调动同理心或安抚幼儿，因此她当时无法支持马科。

在这种情况下，班级中的社会交往能力还包括采取预防性和回应性措施来管理幼儿的社会行为与表现。幼儿教师在讨论自己的班级互动时，也会涉及支持幼儿亲社会性发展与表现的行为和策略。例如，积极的行为管理需要为幼儿设置适当的限制，用冷静、坚定的语气面对他们不断升级的情绪。

此外，正如杰达和玛丽亚所表现的那样，与成人合作的能力，尤其是与教师合作的能力，是班级里的社会交往能力中的一个经常被忽视却又非常重要的方面。在大多数幼儿园班级中，教师是作为一个团队来发挥作用的，这种合作的有效性取决于他们在当下和长期共同计划、协商决策和解决问题的能力。

为什么良好的社会交往能力是教师的基础能力

学龄前儿童正处于发展与终生能力相关的技能的过程中，这些能力可以调节行为、注意力和情绪，并与学业和个人成就息息相关。因此，即使在充满挑战性的工作环境中，教师也必须具备并能够运用更强的社会交往能力，以促进幼儿早期的学习和发展。毕竟，众所周知，关系是幼儿社会性 - 情感能力发展的土壤（Jones & Bouffard，2012），关系也会促进幼儿语言、读写能力和其他学习技能的发展。

当教师具备良好的社会交往能力，并得到领导者的支持来使用它们时，这一系列能力又是如何构成幼儿学习的“土壤”的呢？接下来将重点讨论教师运用社会交往能力，创设健康班级环境的三个关键途径。

领导者的社会交往能力在哪里适用

当考虑教师的社会交往能力对班级中所有幼儿的社会交往能力的影响时，我们需要提醒自己，对杰达、玛丽亚及其在全国各地的同事们来说，他们的日常互动和工作关系都依赖环境内部以及周围的关系系统（Jennings & Greenberg，2009）。学校或中心的人际交往是一个相互联系的系统的一部分（见图 4.2）。从这个意义上说，为了孩子的学习和发展，当我们用心培养和努力建立良好的人际关系时，没有人能逃脱责任——我们知道，这是最困难的工作之一。

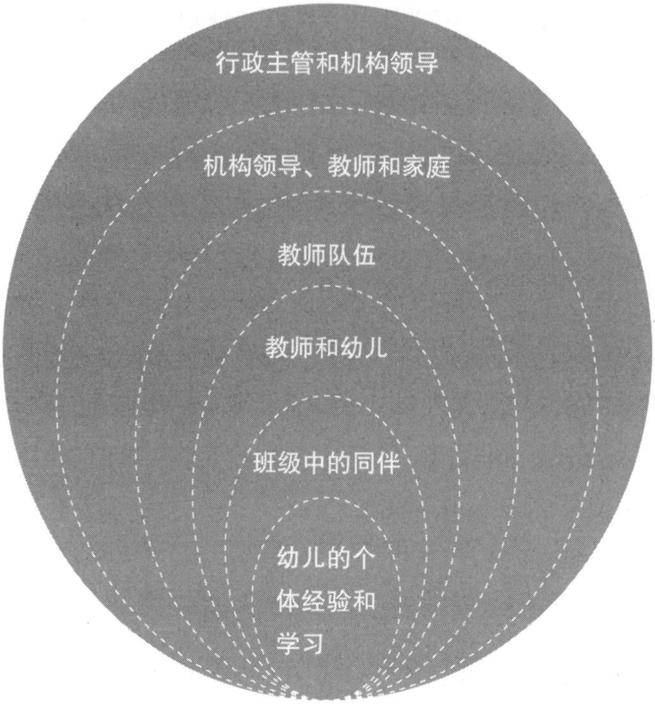

图 4.2　影响儿童经历和学习的关系系统

社会交往能力影响班级关系的质量

毫无疑问，幼儿教师的社会交往能力会影响幼儿教育环境中的所有关系——师幼之间的关系、搭班教师之间的关系、教师和家长之间的关系、环境中所有职工之间的关系，以及最重要的是他们所照顾的幼儿之间的关系（见图 4.2）。事实上，当教师努力运用有益的社会交往能力时，尤其是在紧张的时刻，往往会错过学习的机会，因为冲突占用了时间，而且对压力的体验会降低教师的教学能力和幼儿学习的能力（Phillips，2016）。另一方面，当关系系统稳定且安全时，幼儿就会免受压力的负面影响（Badanes，Dmitrieva，& Watamura，2012）并增强有关学校的感受和能力（Jones et al.，

2013；Mashburn et al.，2008；Pianta，2003；Raver et al.，2007）。

社会交往能力影响班级管理

有效的班级管理要求教师建立常规的互动和系统，鼓励幼儿的合作和冲突管理，始终冷静地主张适当的限制和指导，并支持预防性和回应性的措施，以管理幼儿的社会行为和表现（Jennings & Greenberg，2009）。回顾本章的开篇案例，我们可以看到杰达和玛丽亚在协商潜在冲突时所面临的挑战如何导致了班级管理的恶性循环。在这个例子中，他们对上午的活动意见不一，而且紧张的交流和举止导致幼儿的行为表现与人际关系环境难以持续具有教育意义和积极作用。

幼儿教师的社会交往能力影响幼儿的社会交往能力

在最佳条件下，教师对幼儿社会交往能力的发展具有非常强大、积极的影响。这种影响可以通过多种方式体现：践行让幼儿能够有效管理自己的行为并对他人的行为做出适当反应的策略；让幼儿参与温暖、积极的互动；明确地教幼儿建立和维持人际关系的策略（Carlock，2011；Jennings & Greenberg，2009；Jones et al.，2013；Maurer & Brackett，2004；Roeser et al.，2012）。人际关系和谐（或协调）的教师可以有效地调整自己的教学反应和沟通方式，以适应幼儿个体的发展、情境和学习的需要。

如何在班级中支持幼儿教师的社会交往能力

在与幼儿教师的实地合作中，我们发现为幼儿教师创造条件，支持他们运用社会交往能力，涉及人际关系策略。这些策略把定期会议作为社会交往能力的测试场所，无论是正式设立的专业学习共同体研习会还是定期的员工会议，教师都可以在富有支持性的安全环境中讨论和掌握这些能力。在此，我们重点强调以下策略：

- 共同制定、践行和反思代表社会交往能力的团队规范
- 在能够引起共鸣的简短案例中应用社会交往能力

策略 1：共同制定、践行和反思代表社会交往能力的团队规范

利用教师会议来提高社会交往能力的一个策略是共同制定、践行和反思团队规范——或关系的“基本规则”，以促进开放性对话、分享、信任和高效工作（Richardson，1999）。这些规范可以作为互动的指导方针，也可以作为一种团队承诺，从而使教师形成一致的互动和沟通方式。接下来，我们将介绍如何建立并充分利用团队规范。

共同制定规范

为什么把共同制定规范作为例会的一部分，如专业学习共同体研习会和定期员工会议？因为这种做法可以增进团队成员对社会交往能力的认识，以形成高效的专业对话。更重要的是，通过共同制定规范，教师会对自己设定的期望有更强的主人翁意识，因此可以承诺并始终如一地真正使用它们。

当进行头脑风暴并整合团队的一系列规范时，确保这些规范代表核心的社会交往能力是很重要的。虽然有些规范可能更程序化（例如时间安排），但大多数规范应该用于引导团队许下对观点采择、合作和问题解决的承诺。考虑到这一点，在共同制定规范时，建立规范类别（包括那些聚焦于社会交往能力的规范）来指导团队进行头脑风暴会很有帮助。在工作中，我们改编了理查森（Richardson，1999）提出的分类，首先是将程序与尊重他人联系起来。

- **时间**——准时开会和散会（即承诺准时到达和准时结束）。

- **参与**——如何以及何时交谈和倾听（即共享谈话时间）。
- **保密性**——在专业学习共同体研习会或其他会议之外，做什么和不做什么（即不会在会议之外讨论所了解到的关于幼儿的信息）。
- **与他人打交道**——如何管理对话和尊重他人（即记住每个人都是善意的，尊重他人的观点）。

在这些类别的指导下，专业学习共同体的成员或任何定期开会的团体成员可以制定规范，以能够产生共鸣的方式习得社会交往能力。图 4.3 展示了一个专业学习共同体建立的规范列表。

我们会：

- 对会议上谈论的事情保密；
- 接受不同的观点；
- 尊重彼此的意见；
- 必要时求同存异；
- 尽最大努力准时参加会议；
- 耐心倾听，给同事时间分享他们的想法；
- 恭敬、积极地倾听（避免“一言堂”）；
- 尽力理解彼此的想法。

图 4.3　团队规范示例

践行规范

当然，在一个可见的、有意义的地方制定和发布聚焦于人际关系的规范只是一个开始。为了有效运用规范，需要张贴并始终如一地践行和应用规范。无论教师是会议的参与者还是促进者，他们都有足够的机会实时践行社会交往能力。例如，花时间明确地考虑其他小组成员的观点，强调在解决问题的对话中幼儿和家长可能讨论的观点。作为小组成员，当遇到专业困难时，他们也可以用心、积极地倾听，然后在移情的作用下进行行动上或口头上的分享和回应。

反思流程

在反思团队流程时，把规范作为锚点也会将对话导向团队所坚持的具体社会交往能力。这种反思可以是正式的，团队成员定期花时间反思共同遵守准则的方式，并注意如何改进甚至修订规范，以更好地反映当前的需要和价值。例如，在会议结束时，我们会定期花时间确认个人或集体执行规范的方式，肯定和称赞每个人的努力。反思规范也可以是即兴的，利用那些有助于突出规范是如何促进工作的时刻，或者同样地，注意那些遵守某一特定规范能促进团队工作流程的时刻。在后一种情况下，回顾某种规范比挑出某个未应用该规范的个体更有成效，也不会令人感到难堪。

会议指南

国家学校改革学院（National School Reform Faculty，NSRF）的和谐教育中心为专业学习提供了200多个方案和活动，包括由玛丽琳·温特沃思（Marylyn Wentworth）编写的“建立基本规则”（Forming Ground Rules），它为共同制定团体规范设定了步骤。

策略2：在能够引起共鸣的简短案例中应用社会交往能力

以相关课堂经历为特色的案例为教师提供了一个开始对话的具体（但多方面）场所，并为讨论困难的话题提供了一个不具威胁性的切入点。我们有时称它们为“能引起共鸣的例子”，以确保它们真正扎根于使幼儿教育的教与学具有挑战性的日常时刻。这些例子对于支持和提高教育者的基础能力是非常有用的，而且它们对聚焦于社会交往能力的工作尤其有用，因为这些例子为那些困难对话提供了切入点，以处理可能会导致紧张或沮丧、低效或有危害的人际互动。在与教师的合作中，我们分析了案例，将其作为一种发展和完善社会交往能力的方法，比如理解幼儿挑战性行为背后的信息、在紧张的合作教学情境下考虑相反的观点（如玛丽亚和杰达之间的情况）、让家长和教师之间普遍存在的误解浮出水面。图 4.4 展示了两个我们记录的适合用于分析的案例，从而引出聚焦于社会交往能力的对话。

背景：谢里和帕姆是阳光幼儿教育中心的幼儿教师。谢里老师已经在同一间教室从教 10 年了。帕姆老师 9 月份刚开始在这里从教。

案例 1

帕姆老师和谢里老师班上的孩子们对今天的文化节很兴奋。他们一直努力学习这首准备唱给父母和其他班级的朋友听的歌。孩子们整个上午都在焦急地等着主任叫他们去体育馆表演。终于轮到他们了，他们开始向门口走去。突然，从队伍后面传来一声大叫，是马克斯。帕姆老师环顾四周，看到马克斯在哭。她想，他已经盼了好几周了，为什么现在哭了？她说："马克斯，停下来！没什么好哭的！"

案例 2

在区域活动时间，谢里老师正在帮助一群孩子进行绘画活动。她注意到另外两个孩子在建构区为积木争吵。谢里老师看着帕姆老师，她认为帕姆老师看到了孩子们争吵，但是帕姆老师继续在写字桌上和孩子们一起做活动。谢里老师叹了口气，心想："她为什么不过去帮助那些孩子呢？为什么我总是要停止自己正在做的事去解决所有的问题？"

图 4.4　用于分析的案例

记录能引起共鸣的例子

案例分析被认为是各个学科（从社会科学到法律、医学）教与学的基础。我们在设计方法记录案例供幼儿教师使用时，借鉴和遵从了高等教育的指导，并将其与我们的目标结合起来，即使用案例作为应用教育者基础能力的平台，特别是社会交往能力。你可以自由地使用本书中的案例，以便与你所在学校的教师进行分析；你可能还想调整他们的做法，甚至写你自己的案例来分析，这些案例体现了你的目标，并与你所在机构中同事的生活经验密切匹配。在这里，我们列出了一些书写案例时需要遵循的有用步骤。

1. 为案例研究确定一个明确的目标。你希望教师关注并努力应用哪些社会交往能力？例如，当展示案例 1（见图 4.4）——学校文化节上的马克斯——时，我们的目标是让教师练习在困难或紧张的情况下剖析幼儿的视角，试图理解幼儿行为背后的信息。

2. 你一旦心中有了目标，就会想到一些班级教师需要应用社会交往能力的例子（可能来自你自己的专业经验）。例子通常包括人际关系困境——一种情绪化的或不可预测的、意想不到的情况，教师在这种情况下需要运用有效的社会交往能力。

3. 从这些例子中，挑一个可以很容易地用一段文字描述出来的，并且最能引起你团队中的教师共鸣的例子，把它写下来。虽然你希望它是常见的，但要避免写那种团队成员一眼就能认出是上周发生在他班级中的案例。

4. 记录案例。不是非得成为一个专业的作家才能完成这件事。重点是捕捉一个能引起教师共鸣的情境——一个让他们感觉非常真实的时刻或事件。首先，设定角色的名字（虚构的）、关于他们的重要信息（如他们在幼儿学习环境中的角色、职业经历）和环境（如他们工作的地方、所照顾的孩子的年龄等），做好准备工作。然后，描述场景，删除你自己的评论和分析。角色们在做什么和说什么？他们周围发生了什么？最好留出一些可用于想象的留白，从而让作为听众的教师填充一些细节。最后，在结束案例时，要强调你使用案例的目的。有时，我们会以一个悬念来结束，从而真正激发教师的反应和讨论。例如，在案例 2 中，对话的目的是让搭班教师练习在紧张的班级气氛中从对方的角度思考问题——因此，在最后，我们明确表示谢里老师希望搭班教师采取不同的行动。她正处在这样一个时刻：要么直接得出结论，任怨恨累积，要么拿出精力和心态，与同事一起采用有益的解决问题方式。

5. 写下讨论问题和后续活动来反映你的目标。限制用来引发深入讨论的问题数量。例如，对于案例 1，我们有三个讨论问题：马克斯对参加节日活动如此兴奋，那么为什么他哭呢？帕姆老师感觉怎么样？你有什么问题吗？在后续活动中，我们对孩子情绪崩溃的不同原因进行了头脑风暴。

举例说明

无论是记录自己的案例，还是使用本书的案例，你将如何在成人学习环境中实际使用它呢？

陈述目标。完全明确要分析的目标。例如，当使用案例 2 时，我们指出目标是理解两位教师的潜在观点，并考虑他们可能的感受。我们回顾了之前关于情绪意识和管理策略的对话（见第 3 章），然后介绍了当情绪高涨时，在班级中进行观点采择可能会很困难。然后我们解释说，我们将阅读一个简短的案例，并讨论每位教师可能的想法和感受。

大声朗读案例。我们发现，让小组成员大声朗读案例，然后有一些额外的时间进行独自回顾，有助于适应教师不同的学习风格和读写水平。

使用讨论问题来促进合作性案例分析。分析阶段是提醒团队成员关键规范（即共享参与时间）和践行这些规范（即对不同观点持开放态度）的重要时刻。讨论可以以全班、小组或两人一组的形式进行。在工作中，我们偶尔会改变座位安排，让参与者与不同的小组成员进行案例分析。无论采用哪种形式，一定要鼓励不同的观点，并帮助参与者使用案例研究来揭示他们潜在的设想。例如，当讨论谢里老师如何与帕姆老师交流自己的感受时，一些教师发现，在类似的情况下，他们根本不会与同事交流自己的感受。这种剖析让我们有机会讨论为什么不交流，然后思考应对让人不舒服或具有挑战性的对话的策略。

在会议中关注人际关系

当紧张局势加剧时该怎么办

为了在班级中合理应对，我们必须定期培养参加常规员工会议或特定专业学习共同体的教师之间的良好关系。正如本章开篇所揭示的那样，繁忙的幼儿园教室是产生误解的温床，而随着这些误解的增加，紧张局势加剧，人际关系也会受损。当气氛紧张时，人们很容易把责任推到他人身上。这些成人就是那些参与专业学习的人，同样的紧张情绪也会在会议上表现出来，这让促进者越来越清楚地意识到，当关系处于压力之下时，教师很难合作。

当互动紧张时，包括促进者和教练在内的领导者能做些什么？我们发现了一些策略，可以帮助教师将关系引向更积极、有益的互动。例如，定期要求小组成员在会议间隙填写关于同事的“赞美卡”。这些卡片为教师们提供了一个正式的途径，让他们了解彼此的成就和长处，并认可和庆祝彼此的努力工作。有时，教练式辅导会议（第 8 章）也被用于解决特定人际关系困难。在这些对话中，我们可能会促进搭班教师合作做计划或解决问题，甚至管理角色冲突。

总结：在幼儿学习环境中培养良好的关系

作为幼儿教育领域的教师和领导者，我们致力于培养良好的关系体系，创造让教师尽其所能、幼儿茁壮成长的学习环境。打造让团队成员运用、分析与反思社会交往能力和人际动态的专业学习共同体是朝着这一目标迈出的巨大一步。但是正如我们在本章前面说过的——它需要重复——为了幼儿的学习和发展，在用心培养和努力维持良好的关系方面，没有人能逃脱责任。在幼儿学习环境中，每个人都应该不断反思自己的社会交往能力和人际交往，理解他人的观点，并达成相互的理解和合作。尽管这项工作永远做不完，但其对幼儿学习环境的好处是无价的。为此，图 4.5 为领导者在反思人际交往时提供了一个自我反思工具；使用这个工具来支持你对于“人际关系如何在职业环境中发挥作用”的观点，并计划下一步如何与同事、员工、家长和幼儿建立良好的关系。

下一章，我们将探讨教师如何说话——幼儿教师全天使用的语言，这也是建立班级关系和积极影响儿童学习成果的关键杠杆。

具有挑战性的人际关系：

观点：

我的第一反应是什么？我为什么会这样反应？

对方的言行背后可能隐藏着什么？

下一步：

我可以问些什么来了解对方的观点和 / 或需求？

我怎样才能充满尊重地交流自己的观点和 / 或需求？

图 4.5　关系反思和计划工具

第5章

对话学习与班级管理：使用语言进行学习和自我调节

上午9:30，学前班教师杰达和玛丽亚正在探索幼儿学习中心清理早餐后的教室，之后开始故事时间。杰达昨天去了图书馆，翻阅了几本书后，她发现一本她认为孩子们会很喜欢的新书。故事中可爱的小老鼠面带夸张的表情。她一看到插图，就确信孩子们会从中得到乐趣。离开图书馆的时候，她感觉很有成就感。

让孩子们在地毯上坐好，杰达从包里拿那本新书。尽管她迫切地想要开始，却还是停下来提醒孩子们注意故事时间的规则：盘腿坐好，想说话先举手。然后，杰达一边把书举得高高的，打开封面，准备阅读，一边扫视所有孩子。虽然大多数孩子都静静地坐着等她开始，但安东尼和米娅仍在交谈，凯莉正躺在那里，没有像要求那样坐好。杰达问安东尼和米娅："你们今天不想要户外活动时间了吗？"然后问凯莉："我们在地毯上就是这么做的吗？我们现在可没有躺下。"安东尼和米娅停止了对话，转向杰达，但凯莉仍然躺着。"凯莉，你需要离开这个圆圈吗？"凯莉摇摇头，慢慢地坐了起来。现在，其他孩子都在说话，杰达试图引起他们的注意。她感觉自己心烦意乱，但深吸一口气，开始大声朗读，孩子们安静下来聆听。

从头到尾地读完这本书后，杰达问孩子们："谁是那个藏草莓的老鼠？""草莓是什么颜色的？"杰达自豪于孩子们能够回答她的问题，对他们说："好样的！"然后，凯莉大声说道："我喜欢草莓！"安东尼喊道："我不怕熊！"杰达皱起眉头，提醒他们举手说话。安东尼有些气馁，低下头，当米娅把手放在他的肩膀上时，安东尼把她的手拍走了。杰达说："安东尼！那可不好。你得离开这个圆圈了。"安东尼喊道："好吧。反正这本书很蠢！"

教师对话——他们使用的词汇，以及对话的方式，无论是教学、读故事、与幼儿讨论，甚至是谈论周末，充斥着幼儿的学习环境。教师对话形成了"班级对话"——幼儿每天接触和参与的对话，对他们以后的成功至关重要。当教师使用策略来形成班级对话的方式，使其能够促进幼儿的学习、认知和社会性－情感发展时，他们就是在开展对话学习（talk for learning）——本章的重点。

在杰达班上的上述情境中，对话学习策略是如何实施的？首先，杰达提醒幼儿遵守故事时间的要求（即积极地陈述规则）。然后，她用大声的朗读吸引幼儿（即通过共同阅读培养对世界的兴趣）。当故事结束时，她还会对故事做出回应（即用提问技巧鼓励参与）。就对话学习而言，杰达已经走上了正轨。当然，在这一过程中也有很多时机，尤其是在进行深度学习时，杰达本可以采用另外的对话学习策略，从而为课堂管理提供支持。实际上，到了故事结束的时候，很明显，幼儿真的渴望有更多的机会说话，这是一种好迹象，说明他们投入这个故事中了。然而，杰达恰恰将这种愈发兴奋的状态视为不当行为，幼儿的热情很快就变成了失望。对安东尼来说，这导致了另一次消极的经历，与他在第 3 章忍受的失望没有什么不同。

本章深入探讨班级对话——是什么，在高质量的幼儿教育环境中是什么样子的。我们探究大量的班级对话在幼儿时期为何如此重要，然后概述了教师提高班级对话质量、增加幼儿对话量以促进其学习和发展的四个策略。本章的结尾提供了一些建议和工具，供读者在支持教师运用对话学习策略时使用。

什么是对话学习，为什么它很重要

当教师有意地使用言语（和非言语）的方式交流来影响班级对话，以激发对话、积累知识和建立关系时，他们就是在开展对话学习。对话学习对于培养幼儿的心智和人际关系至关重要，是帮助他们获得关于世界的知识、建立与世界的联系以及形成对世界的认同的关键因素。在良好的人际关系背景下，鼓励幼儿参与有来有往的互动，会使幼儿的早期语言和阅读技能得以进步，观点采择能力得以发展，批判性思维和数学推理能力得以孕育。

教师对话的内容和风格，以及幼儿有多少机会参与对话，对幼儿当前和未来的学习都很重要（Bowers & Vasilyeva，2011；Dickinson & Porche，2011；Cámez & Levine，2013；Huttenlocher，Vasilyeva，Cymerman，& Levine，2002）。事实上，当幼儿教师开展对话学习时，他们会对幼儿的发展产生持久的影响。例如，众所周知，参与高质量的幼儿园班级对话对幼儿阅读成绩产生的影响甚至可以持续到小学四年级（Dickinson & Porche，2011）。而且不能忽略的是，“对话”是教师建立与幼儿的关系，并支持幼儿和同伴之间建立关系的主要机制。从这个意义上说，师幼之间以及幼儿之间的班级对话是激发社会性 – 情感、读写和语言学习的动力。

四项有效策略：把对话学习引入班级

增加有效的对话学习意味着经常实施四项关键策略（见图 5.1）。当教师采用这些策略时，他们就创造了创设学习环境的必要条件，能够构建同时具有认知刺激性和情感调节性的学习环境。接下来，让我们看一看每项策略，思考杰达应该如何使用它们改善班级语言环境。

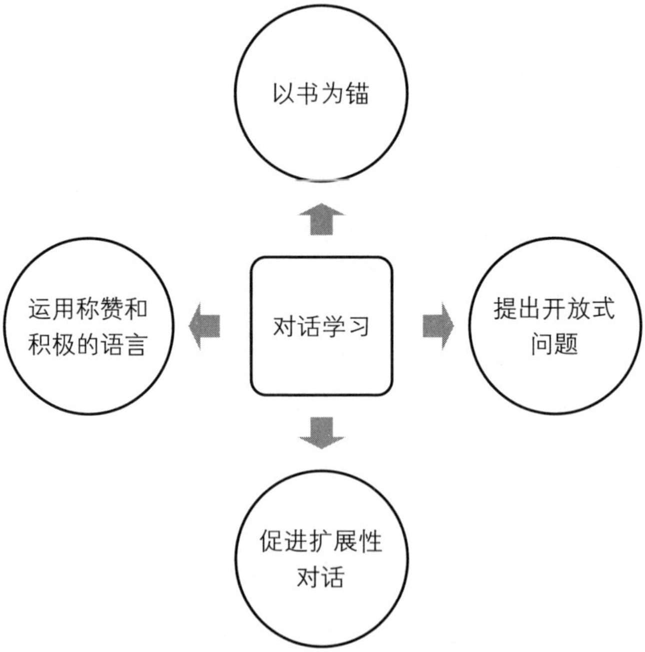

图 5.1　四项增加和强化班级对话学习的策略

策略 1：以书为锚

听故事与看书之后进行讨论能够帮助幼儿了解自己和世界，同时促进他们的语言和读写能力的发展。就像在杰达班上一样，共同阅读通常是幼儿学习经验中不可缺少的一部分。杰达知道，可以用书吸引幼儿，也可以选择一本带有可爱的角色的书来引导他们的兴趣。但是，参与仅是影响幼儿选择大声朗读的一个因素，在最理想的情况下，选择的图书不仅要吸引幼儿，而且应该与班级的学习目标有关。要想让共同阅读进一步成为一种对话学习策略，我们要确保幼儿的很多共同阅读经验与学习绑定。从这个意义上说，选择某些书是因为它们引人入胜，而且与班级正在学习的主题有关。因此，有效的班级对话学习策略会以一套与主题相关的图书为中心，从而促进知识的积累。理想情况下，这些与主题相关的图书从属于一个更大的学习单元，该单元构建了共同阅读图书的框架，并支持全天进行的学习活动。

最重要的是，以书为锚可以促进大量班级对话的产生——书不仅可以发起内容学习，还可以促进对话！这些对话有助于幼儿理解和批判性地思考书的内容。因为以书为锚涉及大量的班级对话，所以这种策略与其他关键的对话学习策略相关联，并支持下面即将讨论的这些策略，包括提出开放式问题和参与扩展性对话。回想杰达的课堂，她一定是在实施以书为锚的对话学习策略：前一天晚上，她在图书馆花了一段时间寻找合适的书，并思考这本书是否能吸引幼儿的注意力。如果再往回推进一点，我们也许会问，这本书的主题——藏草莓的老鼠——是否与这一天的其他学习活动有联系，或者是否被纳入一个跨越数周的学习单元中。

策略 2：提出开放式问题

开放式问题不是回忆或只需要回答一个词的那种问题（我们经常问幼儿的那类问题）。开放式问题可以有很多不同的回答方式，并且鼓励幼儿更具批判性地思考，提供更加复杂、详细的答案。提出开放式问题，就是真正地了解幼儿的想法并推动其思考。在共同阅读、圆圈时间、用餐时间或在操场上，我们可以问开放式问题。

基于这些原因，当考虑杰达的提问技巧时，我们希望鼓励她用开放式的问题取代基本回忆类问题（例如“草莓是什么颜色的？”），开放式问题需要不止一个词语的答案，而且会引发你来我往的对话（例如“你认为老鼠为什么害怕？”或者“你会把草莓藏在哪里？”）。诚然，问一些简单的问题是开启对话和建立自信的一个很好、很重要的方法，特别是对那些比较内向害羞的幼儿而言，简单的问题也可以在支架式学习中发挥作用。但是，即使确实要用简单问题，我们也希望始终优先考虑开放式问题，无论我们是在讨论一本书，指导班级游戏，还是在支持幼儿用语言表达负面情绪时。好的开放式问题：

- 旨在促进幼儿对课堂学习（即主题学习单元）的思考和讨论；
- 激发扩展性对话。

策略 3：促进扩展性对话

当教师推动扩展性对话时——无论是与一名幼儿还是一群幼儿——他们都是在建构幼儿的思想、情感和经验，并提出对学习和发展十分重要的问题（Epstein，2014）。我们所说的“扩展性对话”是什么意思？这种班级对话：

- 包含每个参与者的多轮次发言；
- 将幼儿关于当下（即此时此地）的对话扩展为关于过去和未来的想法、事件和可能性；
- 听起来像一个故事或解释（不是一系列的问题或指示）。

促进扩展性对话通常以开放式问题开始（策略 2），但不应该寻求幼儿的回复，然后转向另一个问题。相反，对话是往复的（然后再次往复！），经常包含幼儿的多种想法和观点。在扩展性对话中，教师经常“积极倾听”——充分了解幼儿的想法和体验，帮助幼儿感到被理解、被倾听和被支持，而不会评判他们。教师还把话题交给幼儿，鼓励他们更多地参与，而不只是向他们每个人问问题。例如，杰达可以：

- 使用对话常规（即“转过身说话”或“想一想，找朋友说一说”）支持幼儿进行扩展性对话，例如，在问幼儿“你为什么认为小老鼠害怕”之后，可以让幼儿转过身与朋友一起谈论想法，然后她可以在结伴的幼儿中间巡视，支持和鼓励有来有往的交流；
- 计划一项后续活动，以促进扩展性对话。例如，仍然以书为锚（策略 1），幼儿可以在表演区表演故事。杰达可以指导幼儿的表演，鼓励幼儿一起讨论如何最好地藏起草莓，不让饥饿的熊找到草莓。

策略 4：运用称赞和积极的语言

当教师将称赞作为一种对话学习策略时，他们：

- 真诚、明确地指明并鼓励幼儿的努力；
- 支持幼儿互相鼓励和称赞。

在任何情况下，这种称赞都有助于幼儿建立对自己和他人的积极认知（Meece & Soderman，2010）。虽然某些形式的称赞可能会产生意想不到的后果，导致幼儿依靠他人的评判来自我感觉良好，但当称赞的内容鼓励具体的努力（而不是聚焦于成就或竞争）时，它有可能给人注入一种内在的自信与能力。因此，教师不应该等到幼儿表现完美时才给予称赞！回想杰达的例子，她用否定的反问句单独指责了安东尼和米娅（即“你们今天不想要户外活动时间了吗？”），却错过了具体称赞坐在地毯上的那么多遵守故事时间要求的幼儿的机会。用称赞取代否定可以鼓励好的行为，同时对安东尼和米娅进行暗示，让他们把注意力转向阅读活动。

像称赞这种积极的语言，是有意的、具体的。教师可在以下情况中使用积极的语言。

- 陈述要求并重新引导幼儿理解他们应该做什么以及为什么这样做（即“故事时间要保持安静，为地毯上的每个人腾出空间，形成最好的学习状态”），而不是关注他们不应该做的事（即“我们在地毯上就是这么做的吗？我们现在可没有躺下”）。
- （用言语或非言语的形式）向幼儿传达教师对于他们作为个体和班级成员的尊重和重视。这意味着，对他们要说的话表现出兴趣，确认他们的情绪和看法，支持幼儿积极地看待和对待他们的同龄人。

对话学习与班级管理有什么关系

有效的班级管理包括实施所有的制度与步骤，从而形成平静的、平稳运行且亲社会的学习环境——幼儿已经内化了常规和期望的班级。通常，当教师谈论和思考班级管理时，他们关注班级组织、流程、规则和常规（Harms，Cryer，& Clifford，2003；Raver et al.，2009），如环境创设与维护：

- 适合学习的物理环境和材料；
- 支持幼儿轻松完成个人生活常规（如洗手、进餐、午睡）和学习活动（如圆圈时间、活动区）的一日流程；

- 快速的过渡环节，通常包括有目的的活动（特别是在等待期间）；
- 持续沟通、视觉提示和监督，明确幼儿的行为要求；
- 幼儿合作系统（如轮流）和冲突管理系统（如处理幼儿愤怒和失望的策略，幼儿解决矛盾的空间，以及在幼儿学习和使用冷静策略时支持他们的视觉提示）；
- 鼓励与支持幼儿自主选择和发挥主动性的常规（如活动选择板）。

那么，对话学习是如何与班级管理工作相联系的呢？换言之，为什么我们在这里描述的对话学习策略（即促进扩展性对话、以书为锚）不仅能够支持幼儿的学习，还能够支持有效的班级管理？研究发现，教师使用的词汇和教师给幼儿的说话机会能够影响幼儿的行为、互动和人际关系——这些对平稳运行且情绪调节顺利的班级来说都是至关重要的！有效执行班级管理策略需要使用高质量的语言。同样地，使用高质量的语言可以减少班级管理中的挑战。

换句话说，对话学习策略与班级管理有着互惠的关系（见图 5.2）。这是怎么回事呢？当幼儿积极地投入学习环境中（即通过发言参与其中），当他们的努力受到鼓励和称赞时，他们更容易坚持完成任务，避免问题行为；同样，有效的班级管理策略让对话学习策略的运用更有成效，因为管理有方的班级——社会性和情感得到调节的班级——有助于教师和幼儿专注于学习活动。事实上，在许多情况下，对话学习策略和班级管理策略是合为一体的（见表 5.1）。

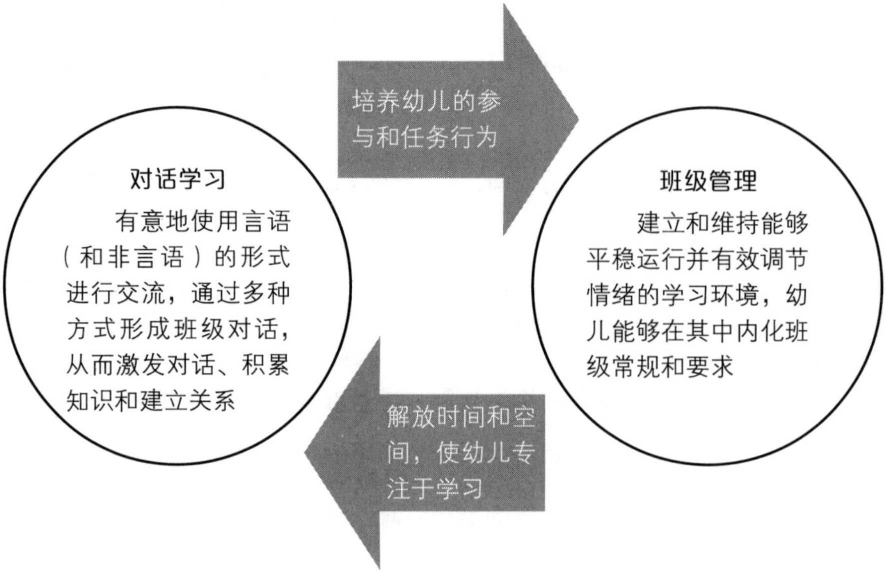

图 5.2　对话学习策略与班级管理的关系

表 5.1　对话学习：支持管理和学习的班级对话

使用对话学习策略……	这看起来是什么样子的	这些策略如何同时支持学习和班级管理
……使学习活动具有互动性	• 在全班或小组中，幼儿参与关于他们所学、所做和所想的扩展性对话。	扩展性对话比许多其他互动更具吸引力（例如在一个幼儿回答时倾听），因此，幼儿更可能专注于手头的任务。
……把计划好的游戏和对话融入一日流程	• 活动区是围绕有目的的游戏而设置的；进餐时间包含内容丰富的对话，等待时间包含对话活动（即幼儿在排队或等待下一个活动时交谈、唱歌或做律动活动）。	幼儿全天都能够学习，甚至包括“非指令性”时间；空闲的等待时间导致的不当行为也会减少。

续表

使用对话学习策略……	这看起来是什么样子的	这些策略如何同时支持学习和班级管理
……鼓励幼儿促进班级的平稳运行，形成具有情感支持的班集体	•当幼儿参与、遵循指示，表现出努力和进步时，常常能得到具体的正面反馈和鼓励。 •班级要求和规则是与幼儿共同创造的，在教师的提示下，他们会回忆和观察这些要求和规则（例如“有人能告诉我一种让大家更容易看到这本书的办法吗？”）	•具体的表扬有助于幼儿领会班级要求，并支持他们积极看待和对待同龄人。 •当幼儿成为创设班级环境过程中的一部分时，他们就用语言进行对话，更有可能内化并遵循班级要求。

用什么工具支持幼儿教师使用对话学习策略

工具 1：在能够引起共鸣的简短案例中分析对话学习策略

正如第 4 章所述，以相关课堂经历为特色的案例为教师提供了一个开始对话的具体（但多方面）场所。案例有助于支持和完善对话学习策略，因为它们可以让教师“看到”这些策略的实际运用，并以小组形式讨论班级对话。在推动幼儿教师专业学习共同体的工作中，我们专注于教师的基础能力。在建立团队规范（见第 4 章）之后，我们用第一组培训课程研究对话学习策略。因为这些策略是激活和创设班级环境的基础，我们的目标是让教师了解这些最佳实践，帮助他们更好地意识到自己在班级中如何使用这些策略，重要的是，要确保专业学习共同体成员将这些策略作为日常教学的一部分。把这些策略贴在团队规范的旁边，这样我们就可以在整个专业学习共同体的工作过程中反复参考。在介绍每种策略时，我们：

1. 讨论它到底是什么；
2. 分析一个使用该策略的班级案例；
3. 对如何应用策略做初步的计划。

在与教师的合作中，我们发现，一些教师第一次思考这些策略（例如，一些教师不常支持幼儿进行你来我往的对话），另外一些教师则对这些策略非常熟悉。必须要强调的是，无论教师的起点在哪里，这个学习共同体的启动都提供了使这些策略“更上一层楼”的机会。比如，图 5.3 展示了我们运

案　　例

是时候去体育馆了。帕姆老师知道有些孩子很难停下正在做的事情过来排队；而另一些孩子对于去体育馆感到过度兴奋，似乎没办法在不撞或打倒别人的情况下站成一列。因此，帕姆老师给全班幼儿 5 分钟静下来，之后，她告诉他们要静静地在门口排队走去体育馆。当帕姆老师叫孩子们排队时，她注意到队伍并不完美，几个孩子还没排好队，但她仍然对孩子们微笑着说：“孩子们，我发现你们停下了自己正在做的事情，听指示排好了队。”她再次微笑，说：“大家都快速排好队，我们才能准时到达体育馆。”

讨论问题

- 帕姆老师用什么方式称赞幼儿，帮助幼儿理解她希望他们在这段时间里做什么？
- 帕姆老师如何用称赞指出幼儿正在努力遵守规则？

我能做的：指明和称赞积极行为的两种方法

- 我注意到__________，当__________，这是一个安全的选择。
- __________，我注意到你__________。那是__________。

图 5.3　对话学习策略的案例和讨论活动：运用称赞和积极的语言

用的案例、讨论的问题和后续的活动，用称赞和积极的语言让教师参与有关对话学习策略 4 的对话中。至于如何设计自己的案例，需要考虑你所处班级的独特环境与目标，请参考第 4 章的建议。

工具 2：将对话学习策略当作平台，在专业学习共同体中运用其他核心能力

要想支持幼儿教师使用对话学习策略，我们可以将对话学习策略用于其他核心能力的发展中（见图 5.4）。毕竟，当教师通过计划和反思来应用执行功能策略时，他们的计划需要有事实基础，他们的反思需要一个焦点。同样，当教师在班上研究情绪调节和社会交往能力时，必然要研究在管理情绪和建立关系时所进行的对话——他们如何使用图书、对话以及称赞和积极的语言来支持高质量的社会性 – 情感学习环境。

执行功能 （第 2 章）	情绪调节 （第 3 章）	社会交往能力 （第 4 章）	对话学习 （第 5 章）
• 计划 • 保持专注并坚持到底 • 同时使用多种技能 • 反思 • 灵活思考	• 情绪认知与理解 • 情绪示范（表达和描述） • 情绪管理（自己和他人）	• 以同理心看待和回应 • 理解社交信号和行为 • 管理冲突和行为（教师和幼儿） • 与成人合作	• 以书为锚 • 提出开放式问题 • 促进扩展性对话 • 运用称赞和积极的语言

图 5.4　回顾：教师的核心能力

让我们思考一个例子，从而进一步说明如何让对话学习策略成为应用其他核心能力的平台。在与教师的合作中，我们经常在班级中使用高质量的儿童文学作品，以便教师能够运用第一条对话学习策略：以书为锚。同时，为了在班级中支持幼儿情绪调节和社会交往能力的发展，选择图书的一个标准是，它们要能够支持教师进行有关描述情绪、管理情绪和行为、管理冲突和建立关系的对话。图 5.5 列出了我们选择的一些儿童文学作品。

描述情绪

《雨中的星期一》（*On Monday When It Rained*，Cherryl Kachenmeister）

《今天我是可爱的小傻瓜》[1]（*Today I Feel Silly & Other Moods That Make My Day*，Jamie Lee Curtis & Laura Cornell）

《拼拼凑凑的变色龙》[2]（*The Mixed-Up Chameleon*，Eric Carle）

管理情绪和行为

《我也有生气的时候》（*Sometimes I'm Bombaloo*，Rachel Vail & Yumi Heo）

《恐龙怎样去上学》[3]（*How Do Dinosaurs Go to School?*，Jane Yolen）

管理冲突和建立关系

《你的水桶有多满？》[4]（*How Full Is Your Bucket?*，Tom Rath，Mary Reckmeyer，& Maurie J. Manning）

《我不要这样跟你玩》[5]（*A Weekend with Wendell*，Kevin Henkes）

《马修和蒂莉》（*Matthew and Tilly*，Rebecca C. Jones）

图 5.5　以书为锚促进社会性 – 情感学习和对话学习

[1] 该书的简体中文版由南海出版社于 2011 年出版。——译者注

[2] 该书的简体中文版由明天出版社于 2014 年出版。——译者注

[3] 该书的简体中文版由接力出版社于 2016 年出版。——译者注

[4] 该书的简体中文版由中国青年出版社于 2016 年出版。——译者注

[5] 该书的简体中文版由上海文艺出版社于 2020 年出版。——译者注

当然，我们不是只选择和提供图书，然后就放在那里不管了。就像教师以书为锚促进幼儿的学习一样，我们也以书为锚促进专业学习共同体的工作。在小组中，我们将首先剖析图书，讨论与书相关的社会性－情感学习目标，然后合作教师将使用计划工具（见第 2 章）为共同阅读活动做准备，包括设计一个与书和学习目标相对应的开放式问题。因此，为了在班上开展优质的对话学习活动，教师将发挥执行功能（即计划），并运用社会交往能力（即合作）。

不过，提高这些核心能力的工作并没有就此停止。专业学习共同体研习会总是以参与者在前一次会议中取得的成就为基础，因此在下一次会议，我们将反思（另一个与执行功能相关的核心能力）教师与幼儿的共同阅读经历。反思会引导对话围绕教师对几种核心能力的运用而开展，如以书为锚，示范和描述情绪，在教学过程中合作，以及反思计划。接下来，我们运用社会交往能力合作规划后续的课程和活动，通常包括重读图书和进行扩展性对话，并常常将日常对话（如想一想，找朋友说一说）纳入计划。后续的计划可能还包括运用执行功能的相关技能，例如，预估可能的困难并设计解决这些困难的策略。

总结：引领高质量的语言环境

我们知道，为幼儿教师有效地使用对话学习策略做好准备和提供支持，是幼儿教育领导者创设规范严谨的学习环境的关键途径。毕竟，教师运用这些策略来影响班级对话，以及幼儿的学习、积极认同感和人际关系。那么，如何调整学习环境来促进这些策略的运用呢？与其他的教师核心能力一样，这需要采取一种自我反思和过程导向的领导方法。

自我反思是指领导者必须考虑如何示范对话学习策略，仔细思考如何创设教师的语言环境。例如，称赞和积极的语言是否成为自己与成人和幼儿日常互动的一部分？以积极倾听和包含多种观点为特征的扩展性对话是否司空见惯？同样，反思向教师传达的关于班级对话的信息也很重要，无论这些信息明确还是隐晦。例如，当教室实际上很安静，幼儿的行为也符合规范时，我们是否（错误地）将班级描述为“需要约束”？当某个学习机会包含大量的教师对话和极少的幼儿发言时，我们是否（错误地）将教学理解为“严谨的”？教师需要感觉到自由，尤其是要受到鼓励，才能经常冒险为幼儿提供学习机会，因为那会让班级更吵、更喧闹，他们需要受到鼓励来促进这种复杂的、以互动为基础的学习。

过程导向是指领导者需要认识到，促进对话学习策略的运用并不是一朝一夕的事。不断调整和掌握这些策略，需要艰难的工作和持续的专业发展。因此，实现以高质量语言环境为特征的班级环境，意味着进行持续的专业发展活动，这种专业发展以我们对成人学习和改变的认识为基础。

成人学习和改变的过程是复杂的，但又令人难以置信地兴奋，同时富有成效。本书第二部分的重点是阐述改善教与学的专业发展方式，首先讨论了一种新的劳动力发展模式，它最终必将取代远离实践现场的一次性旧培训模式，因为旧的模式虽然普遍存在，但已然过时，不足以改善日常实践。然后，深入研究了一种过程导向的教师发展方法，这种方法是密集的、数据驱动的、合作式的，并且与实践相联系。

在第 6 章讨论促进教与学的专业发展策略之前，我们鼓励你使用图 5.6 中的自我反思工具，思考你所在的教育机构如何支持幼儿教师使用有效的对话学习策略。

幼儿教师掌握并运用的对话学习策略	具体来讲，这个策略是什么	如何支持幼儿教师使用这一策略（例如，示范这一策略的使用方法，提供必要的材料，通过专业发展促进实践）	如何进一步支持幼儿教师运用这一策略
以书为锚	• 阅读并讨论与班级学习和支持幼儿扩展知识有关的图书		
提出开放式问题	• 提出需要详细回答的问题，这种问题没有唯一正确的答案，并能够引发对话		
促进扩展性对话	• 支持教师与幼儿以及幼儿与幼儿之间的对话，让对话能够你来我往，超越此时此地，变得抽象，听起来像故事或解释		
运用称赞和积极的语言	• 指明和鼓励幼儿的努力 • 支持幼儿互相鼓励和表扬 • 解释幼儿应该做什么，为什么这样做 • 向幼儿表达教师对他们的尊重和重视		

图 5.6　自我反思：反思有效的对话学习策略

第二部分

促进和支持教师的专业发展

第6章

设计有效的教师专业发展计划

在送走最后一个孩子之后，探索幼儿学习中心的主任梅琳达坐到办公桌前，继续思考质量评估报告，她需要在周末之前完成自我评估。梅琳达心烦意乱，采用正式的课堂观察工具得到的结果仍然显示，几乎所有班级的教学支持质量都很低，并且教师们在情感支持方面存在巨大差异，这些现象是她无法解释的。几个月以来，她和教师们一直都在关注高质量学习环境的特点——班级对话和热情的回应式互动，中心的教师们也在不断更新他们的专业发展培训。事实上，教师们每年需要参加培训20小时，但梅琳达发现，从记录来看，他们的培训时长都已超过了这一数值。

最近，幼儿园的杰达老师在社区大学参加了一项为期半天的研讨会，会议的名称为“让他们有话可说”。她的搭班教师玛丽亚参加了州政府每月发布的活动单上的一项培训，它与课堂中的创造性思维有关，梅琳达从玛丽亚那里听说，演讲者展示了非常有趣的学生创作案例，这给了她一系列活动设计想法。梅琳达想发现这些设计是如何促使孩子们热烈地讨论并积极地参与互动的。此外，在为课堂观察做准备时，她给中心的所有教师都发送了关于如何引导课堂讨论的网络研讨会。因此，梅琳达非常困惑，她想：教师们为什么不采用从培训中学到的东西呢?

梅琳达正面临着许多幼儿教育领导者都会遇到的挑战：如何确保教师获得充足的学习机会，从而有效改进课堂实践。很明显，梅琳达正在为了有计划、有针对性地应对这一挑战而努力；她正在查看数据以了解机构中教师们的需求，并与教师们交流这些需求，确保教师们参与了专业发展学习。但是，如果梅琳达改变领导策略，改进方法，将大大提高该中心的幼儿学习环境质量。这样的问题是很常见的，像梅琳达这样的领导者在制订一个能够真正改变教育实践的教师专业发展计划时，几乎没有什么指导可以借鉴。

本章阐述了促进教师有意义学习的方法，探究了21世纪成人学习模式的三个要素，并为领导者提供了用于分析当前专业发展方式的自我反思工具，最后对如何转向更新、更有效的学习模式给予了一定的指导建议。

从传统培训模式到21世纪的成人学习模式

忽视从专业培训过渡到实践变化所必需的个体知识和技能是常常不能产生持久变化的原因，问题并不在于幼儿教师没有接受或参加在职培训。就像梅琳达探索如何让学习中心的教师们取得有意义的进步一样，全国各地的幼儿教师都参与了专业培训。但在当前的背景下，人们对于幼儿教育有着无比高的期待，幼儿教育和幼儿教师需要促进所有幼儿的发展以实现这样的目标，而传统的培训模式无法满足这些期待（Phillips，2016）。当前教师专业发展的本质与我们期望培训经验对教育实践的影响之间并不匹配，甚至存在着巨大的鸿沟。

但是，也有好消息。有研究结果表明，有效的专业学习可以对实践产生影响，这正是领导者们所期望的，也是教师们应该得到的。在此，我们综合了相关研究（Darling-Hammond，Wei，& Johnson，2009；Neuman & Cunningham，2009；Zaslow，Martinez-Beck，Tout，& Halle，2011）、学者（Lieberman & Miller，2014）以及我们自己与合作伙伴的研究；这些研究所获得的成果使传统的专业发展理念开始转向 21 世纪的成人学习模式。图 6.1 阐释了这些变化。

传统培训模式	21 世纪成人学习模式
课程由稀少的一次性培训组成，通常持续时间非常短（如半天），侧重于分散、孤立的主题和策略。	频繁、持续、连贯的专业学习机会是常态。
关注的主题往往基于大众普遍感兴趣的教育潮流、最新政策或某些任意（但可用）的外部培训课程。	具有与机构层面需求直接相关的学习机会和基于数据的改进计划。
课堂中教师是被动的参与者，他们的学习是一种妥协行为。	课堂是互动的，教师之间的合作是不可或缺的。
教师接受从课程中学习到的观点，然后在没有课堂支持或跟进的情况下努力（通常是挣扎着）将其付诸实践。	小组讨论和组后研讨能够促进与支持教师在课堂中将获得的知识学以致用。

图 6.1　转向 21 世纪成人学习模式的教师专业发展模式

21 世纪成人学习模式的要素

接下来，如图 6.2 所示，我们将重点关注 21 世纪成人学习模式的核心要素，以帮助领导者将这种新的模式付诸实践。重要的是，要注意到这些要素是相互关联的——它们一起为教师改进教与学创造有利条件。

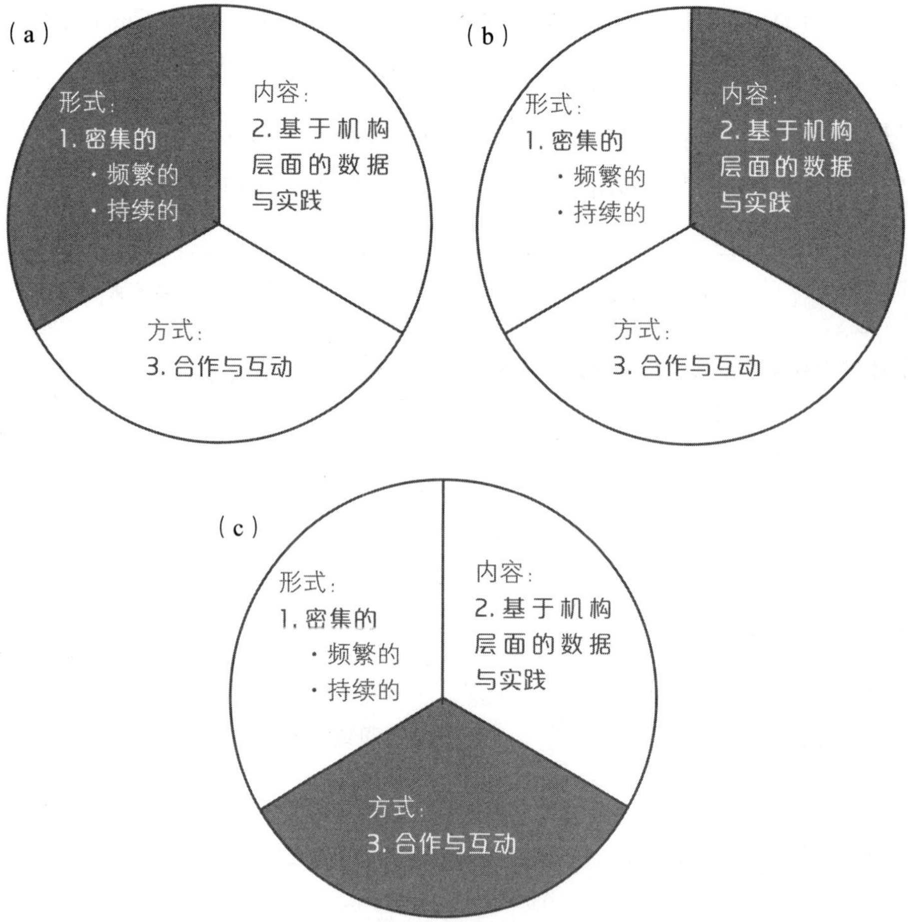

图 6.2　设计有效的教师专业发展的关键策略

要素 1：密集

虽然许多幼儿教师参加了专业发展培训，但这些培训通常是不频繁的，一次性的，持续时间非常短（即半天），而且它们所涵盖的主题之间没有明确的联系。在这种培训中，即使幼儿教师达到了专业发展所需的培训时长，通常也不能将其转化为有效的教育实践。如果想通过专业培训提升幼儿教师的专业能力和素质，改变其长期持有的信念和较为固化的行为，专业培训就必须足够密集（Zaslow，Tout，Halle，Whittaker，& Lavelle，2010）。我们所说的“密集”（如图 6.3）是指专业发展应该包括频繁的、持续的（即长期学习计划的一部分）、连贯的（即建立从一次培训到下一次培训之间的联系）学习机会。

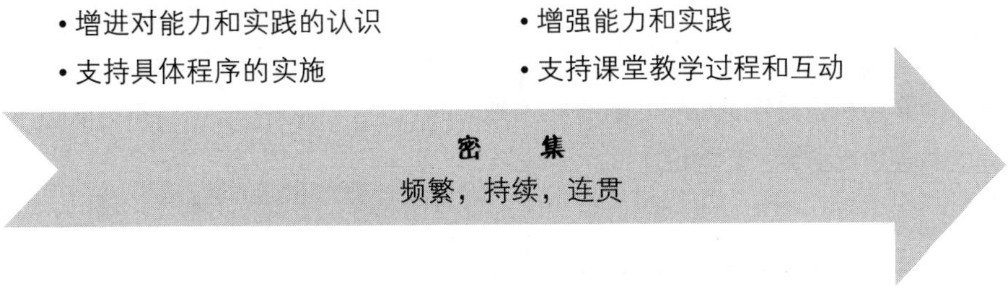

图 6.3　专业发展：连续性设计

可以肯定的是，不太密集的学习机会在教师的职业生活中确实占有一席之地。例如，它们可以提高教师对一些特定实践或可利用资源的认识，甚至可能形成机构本位的提升策略。它们也可以有效地解决一些教师一直在研究的特定的具体程序或策略的实施问题。然而，当目标是从根本上提高幼儿学习环境的质量时，如本书第一部分所描述的教师能力，我们就必须转向具有密集学习机会的 21 世纪学习模式。

作为领导者，需要考虑你所在机构中的教师参与专业学习的机会。与图 6.3 所示的专业发展模式相比，他们的学习机会如何？他们的学习机会是频繁的、持续的、连贯的吗？图 6.4 所示的自我反思问题和相应的评分标准能够帮助你进行分析。

密集的要素	密集的等级
频繁：职业发展的学习机会有多频繁?	一次性的培训　频繁的培训 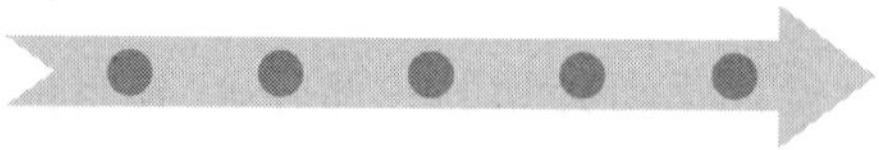
持续：能够在多长时间内保持对某个特定焦点的关注?	短暂的　持续的 
连贯：学习机会是连贯的吗？前后的学习机会彼此相关、紧密相连吗?	独立的　有关联的 

图 6.4　专业发展密集性的自我反思工具

我们鼓励领导者使用这种自我反思工具来发现他们当前专业发展计划中足够密集的方式，以及能够增加学习机会以促进深度学习的方式。例如，学习机会可能很频繁，但随着时间的推移它们之间的联系不够紧密——因此它们组合在一起并不能代表一种连贯的方式；或者，也许方式是连贯的，即学习机会只关注实践的某一个方面或某一项特定的教育能力或素质，但它们通常太短暂或不频繁，以至于新知识无法在实际课堂上产生真正的影响。

无论情况如何，一旦领导者明确了在支持教师专业学习中不够密集的方式，为了增长知识和改进教育实践，第一步就应该考虑如何改变它们。这说起来容易，做起来很难。制订一个密集的计划可能需要利用已有的成人学习方式，但需要以一种新的方式来使用它们；这可能还需要采用新的成人学习方式或策略。需要考虑的一个重要问题是，对于幼儿教师专业发展的研究集中在这样一个观点上，即学习一种实践方式与成功地应用这种实践方式是不同的（Zaslow et al.，2010，2011）。当教师从专业发展培训中获得一些新的想法并在实际的课堂情境中进行实践时，他们需要得到支持，领导者在计划时必须考虑到这一点。为了明显提升学习环境的质量和促进幼儿的发展，应该向教师提供适当的支持，以促进教师建立起专业学习和实践之间的联系。

回想本章开篇案例中梅琳达的困惑，加强专业学习和日常实践之间的联系可能是探索幼儿学习中心最有效的改进策略之一。例如，就目前情况而言，杰达、玛丽亚和他们的同事正在参加专业发展培训，但他们接受的培训在方式和过程上不够连贯，也没有建立起与日常实践之间的联系。出于这些原因，接下来的章节将讨论专业学习共同体和关联式辅导（connected coaching，CC），这两种方式有助于强化教师的专业学习。

要素 2：数据驱动

为了促使教师更好地适应早期教育工作，专业发展的第二步是避免一些常见的误区，即根据教师的普遍兴趣、教育趋势或者当地现有的内容来确定专业学习的主题。反过来，设计将专业学习机会与真正的专业学习需求紧密联系的计划是向创造高质量学习环境迈出的强有力的一步，它能够促进教师专业发展。值得庆幸的是，无论领导者是在州、机构还是班级中工作，他们都会获得大量有价值的资源帮助他们解决这个问题："我的机构到底需要什么？"而这种资源就是数据。

在本章的开篇案例中，我们看到了数据是多么的有用。探索幼儿学习中心的主任梅琳达利用持续的课堂观察结果来确定机构的需求。在她的案例中，课堂讨论并不常见，而且一些课堂中缺乏应有的支持性情感回应。尽管每个州、地区和/或中心收集的信息可能与梅琳达的不同，但有一件事是可以确定的：在整个幼儿保教系统中，日复一日、年复一年收集到的数据量之大是前所未有的。

不幸的是，尽管在数据收集上投入了大量时间，但这些数据很少得到合理利用。然而，这些收集到的信息能够且应该为改进教育实践提供依据，包括专业发展计划。对很多人来说，问题在于：如何有效地利用数据？即使是案例中的梅琳达，她也可以通过多种方式进一步利用她所掌握的信息，以确定和设计探索幼儿学习中心的战略目标。接下来，我们将描述如何更好地利用数据来确定教师的专业学习目标（见图 6.5），主要包括三个步骤。

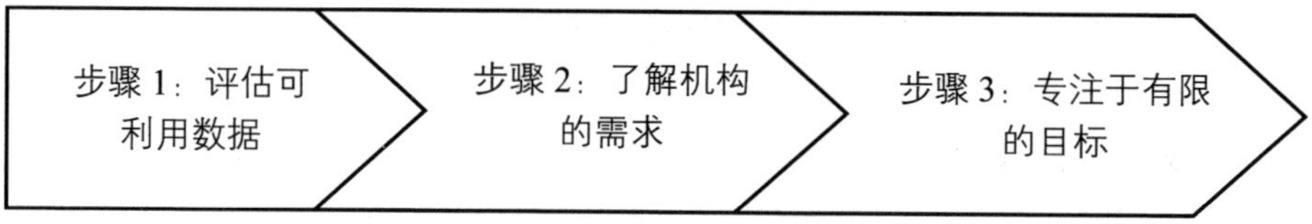

图 6.5　数据驱动的专业学习计划步骤

步骤 1：评估可利用数据

使用数据来实现专业学习目标，要求我们厘清所拥有的数据——收集的数据类别（或类型）以及这些数据所反映的信息类型。总的来说，如今的幼儿教师和幼儿教育领导者一直在收集四种类型的数据，每种类型的数据能够反映不同的信息。

- **正式的幼儿评估**。这些数据揭示了幼儿跨领域的学习和发展状况（如语言、读写能力、社会性–情感）。通常，收集这些数据是为了确定幼儿在某个特定的发展领域是否存在风险。提供这类数据的评估工具包括年龄与发育流程问卷（Ages & Stages Questionnaires）等。

- **课堂实践和质量评估**。这些数据通常是通过观察来收集的，它们抓住了课堂互动、教学和组织的本质。提供这类数据的评估工具包括幼儿语言与读写能力课堂观察工具（Early Language and Literacy Classroom Observation，ELLCO）、幼儿学习环境评估量表（Early Childhood Environment Rating Scale，ECERS）和课堂互动评估系统（Classroom Assessment Scoring System，CLASS）。
- **机构质量评估**。这些数据通常是许可、认证以及质量评级和改进系统（Quality Rating and Improvement System，QRIS）资格认定所必需的。一般包括自我评估、外部观察和文件审查。这些评估涵盖了幼儿教育机构实施的各种教育实践和程序，包括课程设置、健康和安全常规、职业资格和培训、家庭和社区参与，以及领导素质。
- **事故报告和日志**。从出勤、学习到吃饭、刷牙，幼儿教师被赋予了收集和记录大量数据的任务。这些数据对家庭来说非常重要，而且对于遵守规定来说也是必要的。但可以肯定的是，事故报告（即疾病、伤害或行为）和记录健康与安全常规的日志也为明确教师对于课堂支持的需求提供了非常有价值的信息。

图 6.6 所展示的表格可以支持你对所处机构中可利用的数据进行自我反思，包括能够收集的数据类型和从中获取的信息。

数据类别	用什么工具收集数据	从数据中，可以了解到与我所在机构有关的哪些信息
正式的幼儿评估		
课堂实践和质量评估		
机构质量评估		
事故报告和日志		

图 6.6　评估可利用数据的自我反思工具

步骤 2：了解机构的需求

在这个步骤中，领导者分析可利用的数据，并着眼于提升和改进。这里的关键是发现在特定范围内的具体现状和趋势，并且避免两个常见的误区：

- 专注于个别的，但是非常突出的案例（例如，安东尼努力控制情绪，他有过几次差点伤害到别人的事件）；
- 做出笼统而非具体的假设（例如，今年格林老师的教室里有一群很难相处的孩子）。

只有在确定了班级总体数据的趋势之后才能解决这种被称为第一个误区的个案问题。毕竟，有时最突出的问题仅仅显示为一种迹象，它表明更多幼儿在面临挑战，而不仅仅是看起来问题最突出的那一个幼儿。第二个误区——对于班级的笼统假设——也是要避免的，因为数据中通常使用的“总是”和“不断”这类描述性词语常常并不准确，往往导致我们认为它们是无法改变的。相反，对于困难的具体形式或特定诱因的描述，可能尚未被发现，但它们也许是转变数据收集过程的目标。

了解机构的需求现状要求幼儿教育领导者审查已有信息，包括上述的四类数据及其之外的数据。在审查数据时，领导者要以开放的心态接受可能被发现的多种需求，并重点关注以下几方面的问题：

- *学习和参与*（即在我所处的幼儿教育环境中，大多数幼儿在哪些发展领域上存在困难？在一天之中，什么时候使用对话学习策略较多，什么时候使用对话学习策略较少？）
- *人际关系*（即幼儿是如何对待彼此的？师幼互动是什么样的？同事合作的情况如何？）
- *稳定性*（即哪些常规活动是正常开展的？哪些常规活动是不经常开展/或者不能正常开展的？什么时候缺少常规活动？对幼儿和教师来说，一日生活中的哪些部分看起来很混乱？）
- *热点*（即一天中的什么时候是意外事故高发期？哪些情况可能导致难以控制的课堂压力？）

我们鼓励领导者使用图 6.7 记录现状和趋势。

审查数据	你从中注意到了什么
正式的幼儿评估	
课堂实践和质量评估	
机构质量评估	
事故报告和日志	

纵观数据，你注意到了哪些现状

图 6.7　确认机构需求的自我反思工具

步骤 3：专注于有限的目标

为了使专业学习计划行之有效，它必须有具体的、明确的目标（Zaslow et al., 2010）。因此，第三个步骤需要幼儿教育领导者从数据中确认现状，并将这些现状转化为具体的目标。在这个阶段，确定优先顺序至关重要。也就是说，从数据中了解表面的现状之后，许多潜在的目标可能会出现。但是，如果专业学习计划是围绕很多的目标来组织的，那么教师的学习只能是浅尝辄止，相应地，学习深度将会大打折扣，也不可能产生任何有利于教育实践的转变。有效的计划应该只围绕一两个目标来组织。

当与专业发展无关时

如何面对有问题的程序和制度

梅琳达喝了一口桌子上温热的咖啡，然后拿起存放日志的活页夹，翻阅本月的事故和伤害报告。她记得大多数文件她都签了字，但没有放在一起审查。现在，她发现了一个规律：大部分的行为和伤害事件都发生在下午吃过点心之后，即 15:30—16:00，她停顿了一下，然后意识到这个时间段里发生了人员变动。一些教师离开了教室，所以要么是一些忙碌的班级和清闲的班级被整合到了一起，要么是将一名机动教师从一个幼儿出勤率较低的班级调整到忙碌的班级。在教师流动的过程中，有几名幼儿表现出了攻击性行为，并且这种情况经常发生。梅琳达听到这两个班级的教师对她说“孩子们的这种行为一直存在”，她几乎笑了出来。“确实，这种行为一直在发生，”她想，“15:30—16:00 一直都有”。

通过分析事故和伤害报告中的规律，梅琳达得出了一个非常重要的结论：中心的制度影响了班级的稳定性，给教师和幼儿造成了负担。在这种情况下，围绕目标设计专业发展计划，如预防和降低攻击性行为，并不能从根本上解决问题。相反，为了设计一种能够恢复人员配置的稳定性和可预测性的方案，梅琳达需要重新审视中心的复杂情况，以及在实践中时常意外出现的人员变动情况。

按照重要性进行排序有助于领导者发现潜在的目标，并帮助他们确定能够同时实现多个目标的“综合目标”（换句话说，它们会产生更大的效果），从而对学习环境的质量产生巨大影响，减少健康和安全领域的问题。例如，也许某个机构中的幼儿教师报告说，教师在一日生活的过渡环节压力非常大，事实上，日志表明幼儿在长时间等待时最容易出现意外事件（例如，排队洗手，等待吃饭，等着被叫去车站、中心或者走廊尽头的活动室）。与此同时，正式的幼儿评估表明，许多幼儿对词汇的掌握较差。综合考虑这些问题，就可以围绕一个综合目标设想计划，将吸引人的活动引入一日生活的过渡环节，以加快过渡环节的速度，增加幼儿日常语言学习的机会。当数据被用来聚焦和确定机构的首要目标时，幼儿和教师都有可能发生重大的积极变化。

要素 3：合作与互动

在密集和数据驱动之后，我们现在将注意力转向教师参与专业学习的方式。哪种学习经验可以促进教师发生持续的行为改变？很明显，21 世纪的专业学习方式必须是合作和互动的。换句话说，有效的专业发展机会与频繁的讨论和对话有关；它们为教师提供了与同事合作学习和共同解决问题的持续机会（Darling Hammond et al.，2009）。

为什么注重合作和互动？事实上，在交互式专业学习环境中，教师之间的合作很重要，原因有很多，尤其是当团队成员（在相同的环境中工作或者为了满足同一类幼儿的学习需求而进行合作）一起参与时（Zaslow et al., 2010）。合作与互动能够促进以下方面。

- *教师学习*。学习在本质上具有社会性。当教师经常有机会谈论并分享他们对于学习的见解，而不仅仅是通过阅读或倾听来学习时，知识就会得到巩固，错误的观念也能够被发现并得到修正。
- *教学一致性*。当专业学习能够支持和鼓励教师之间的合作与互动时，教师就有机会围绕如何在实践中应用某个特定的方法或者策略进行交流，并分享他们在内容、教学和经验性知识上的心得。这些专业的交流可以使不同班级中的教学转向更加有效的教育实践，这样，在同一栋楼里，不同班级的幼儿都能获得较好的学习体验。

- 工作中的人际关系。当教师合作成为教师专业学习的一部分时，互动的基调和性质将开始改变整个环境的专业文化，使之更具有合作精神。在这种情况下，参与的教师将收获满满，更有可能相互支持并承担集体责任，以开始和维持教育实践中的转变。

然而，教师的专业学习机会往往缺乏合作或互动，就像本章开头描述的杰达和玛丽亚的经历一样。虽然我们不知道他们的培训中有多少合作和互动的机会，但我们知道，杰达和玛丽亚并没有一起参加这些培训，他们也没有正式的机会与其他人分享他们学到的知识。同样，虽然所有教师都被要求观看同一个网络研讨会，但观看后并没有任何正式的机会来进行汇报和参与讨论。

归根结底，只有通过合作和互动，专业学习和日常实践之间的联系才会更加紧密。正是通过合作性经验，教师可以将理论与实际的课堂策略或活动联系起来，并获得他们所需要的支持，以促进和支持课堂实践。如图 6.8 所示，把新知识和日常实践联系起来形成一个循环，这样教师就可以讨论和计划具体的课堂策略。然后，一旦在课堂上实施了该策略，在下一次培训中，教师将反思他们实施该策略的经历，并计划之后的课堂实践。我们鼓励领导者在设计教师专业学习计划时使用图 6.9 所示的检核表，通过教师合作在新的知识与日常实践之间建立有效的联系。

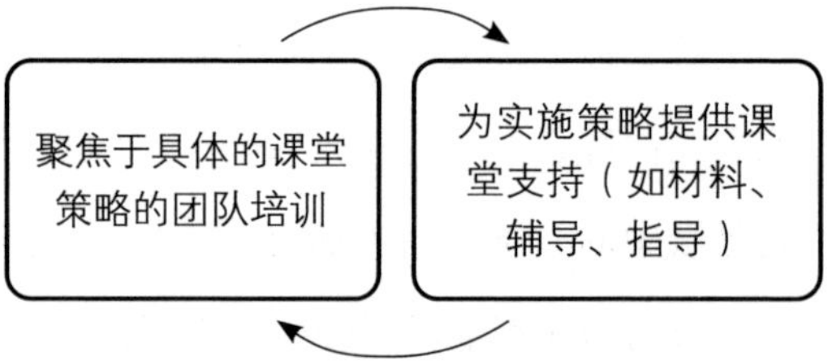

图 6.8　将新的知识和日常实践联系起来的协同策略

当教师将新想法付诸实践时，为他们提供适宜的支持。这意味着：

团队培训

□ 将理论研究与实践活动相结合（例如案例研究、数据分析、演示、课程设计）。

课堂支持

□ 实践新知识所需的材料是可获得的。

□ 非评估性的观察和反馈是持续性常规活动的一部分。

□ 安排时间表和教室的位置，尽可能地鼓励关于教学的非正式讨论。

图 6.9　设计学习—实践检核表

鉴于成人学习模式具有促进合作与互动的优点，那么如何整合学习机会做到这一点呢？我们鼓励领导者使用图 6.10 制订基于机构现状的专业发展计划，这能够为领导者提供一定的指导。

合作和互动是所有培训的核心。在每次培训中：

□ 教师公开分享观点，讨论观点并提出问题（即使问题可能反映出教师缺乏对某方面的理解）。

□ 气氛是活跃的，使教师们参与到激发思维和实践的讨论中。

□ 参与者与同事一起反思观点，并给予反馈。

图 6.10　设计教师专业发展计划的清单

总结：引领有效的专业发展

正如我们之前所说，成为幼儿教育领导者是一个激动人心的时刻。接受早期教育的幼儿人数已经发生了巨大变化，现在是提升学习质量的时候了，我们应该抓住机会。这种变化从这里开始，通过改变教师专业发展的形式、内容和方式来充分体现 21 世纪的成人学习模式。通过密集的专业学习机会，以数据和实践中反映的机构需求为基础，并以合作和互动的方式实施，幼儿教育领导者能够支持当下幼儿教师专业能力的提升。但是领导者如何在日常实践中应用这种模式呢？我们如何发展本书第一部分讨论的幼儿教师的核心能力？如今的幼儿教师专业发展中有两个突出且具有前景的方式：专业学习共同体和关联式辅导。当它们得到有效实施时，这些策略将会变为现实。

在研究和与幼儿教师的合作中，我们使用这两种方式支持和增强幼儿教师的核心能力。接下来的三章将重点介绍专业学习方式，包括它们的目的、设计和关键特征，并从我们的实践经验中举例说明它们是如何发挥作用的。然而，在继续阅读之前，一定要利用本章的自我反思工具引导你对 21 世纪成人学习的思考和计划。

第 7 章将讨论有效的学习共同体的内容和设计，阐释将有效的成人学习策略应用到专业学习共同体中的方法，还探讨了如何通过专业学习共同体的方式发展幼儿教师的核心能力。

第 7 章

有效的集体学习：专业学习共同体

梅琳达看了看时钟。距会议预计开始的时间已经过去了 12 分钟，但团队成员仍在等待幼儿园教师玛丽亚。“杰达，”梅琳达问，“你知道玛丽亚为什么还没来吗？”

杰达耸耸肩，说：“我不知道。也许她忘记了，因为我们取消了上周的会议。”梅琳达决定开始会议，因为幼儿园其他班级的教师都已经到场。他们上次的会议不得不取消，主要是由于团队中产生了冲突，所以梅琳达想要尽可能有效地利用好这次会议。“我们今天会议的目的是反思对话学习策略在班级中是如何发挥作用的。上次开会大概是在 3 周前，我们肯定了每个人的优点。今天，我们先来分享一些大家正在面对的挑战吧，将更多的学术讨论和对话带到日常实践中。”教师们静静地坐着。梅琳达环视了一周，决定暂停一下，给大家一些思考时间。“谁想要分享自己面临的挑战，或者仍让自己感到困难的事情？”

没有人回应梅琳达。一位教师翻看着放在她大腿上的手机，还有一位教师紧张地四处张望，显然很不自在。梅琳达的脑中出现一堆问题：“他们认为我在试图评估他们吗？”“因为我是管理者，所以他们感到不舒服吗？”“难道她不知道开会时看手机很不礼貌吗？”“为什么玛丽亚不在这里？”就在这时，玛丽亚冲了进来。“对不起，我迟到了这么久，”她气喘吁吁地低声说，“马里奥的家长接他时来晚了，我不能把他单独留下，所以没能来得及和您打招呼。”

像许多同事一样，梅琳达正在经历一场许多幼儿教育领导者、管理者和教练都面临的困难：专业会议效率低下、片面，而且简单地说，根本不符合计划。教师在教育教学工作之外参加的专业会议，常常会有意想不到的变数；有些教师觉得会议开得匆忙，有些教师觉得会议没有效率，还有一些教师觉得会议没有计划，甚至有的教师觉得不知所措。然而，幼儿教育最终能否实现其目的并发挥应有的潜力，在很大程度上取决于这个系统中的成人能否一起学习，即在高质量的幼儿学习服务中持续合作并不断进步。

我们如果认真地把成人学习作为获得高质量幼儿学习环境的关键因素，就必须面对一个重大问题：在如今的幼儿教育系统中，我们并没有像对待幼儿学习那样优先重视成人学习。我们让从事幼儿教育的成人负责领导、设计、实施和维持日常学习环境，且这些学习环境以具有挑战性、培养幼儿互动及为幼儿提供学习机会为特征。重要的是，在系统的每一个层面上，要实现高质量的学习环境，必然意味着要与其他成人一起制订计划并合作。所以实施成人学习最有效的方法之一就是组织集体学习。

在集体中组织真正的学习意味着要重新审视和设想成人工作及合作的方式——无论是员工会议、专业学习共同体，还是典型的专业发展培训。任何用于团队工作和成人围桌学习的时间都是这个系统中最宝贵的资源之一。但是，在许多幼儿教育中心和会议室里，许多团队都错失了获得有意义学习和提高专业水平的机会，甚至有的团队浪费了这段时间。时间永远都不够用，然而成人在一起却又很少能将这段时间有效地利用起来。

有效的集体学习，或者缺乏有效的集体学习这一问题，都需要领导者在工作前实现思维方式的转变，即认识到每一次正式的成人会议都潜藏着丰富的学习机会，而且每一次会议都会使学习共同体变得更强。就像上述案例一样，为了使教师能够在集体中有效学习而设计的会议（不管其被称为员工会议、专业学习共同体，抑或团队），都要求参与者积极地参与具有挑战性的任务，努力解决问题，不断提升知识素养，并在集体中相互交流（Boudett & City，2014）。与幼儿学习环境中的教师一样，集体学习的促进者关注的是如何利用集体中不同的观点和学习者的特点，反过来说，也就是为集体中所有人创造学习机会，让他们在积极的参与中不断加深对知识的理解和掌握。在这两种情况下，集体成员都知道他们应该遵守的行为规范，因为学习环境和学习活动的设计强化了这些行为规范（Boudett & City，2014）。

本章将讨论有效的集体学习。正如第 6 章中所述，许多因素对于有意义的专业学习是十分重要的，且这种专业学习是可以改变实践的。在提高教师能力和为幼儿提供良好的学习环境所做出的努力中，集体学习是一个关键要素。在这里，我们强调设计和实施，以确保定期组织会议的集体能够朝着提供高质量幼儿学习环境的共同使命而努力奋斗。虽然集体学习有许多不同的方式和名称，如员工会议、月度检核、学习小组、定期培训，但是我们在整个章节中将使用“专业学习共同体”一词展开阐述。接下来，在关注集体学习的背景下，我们将描述如何在幼儿教育环境中实现富有成效的专业学习共同体。我们重点介绍这一专业学习方式，以及如何将其应用于幼儿教育机构。为了设计有效的专业学习共同体，我们深入研究了四个关键策略，并举例说明这些策略在工作中是怎样运用的。最后，通过为幼儿教育领导者提供自我反思工具，帮助他们思考机构中专业学习共同体的有效性。

设计和实施有效的集体学习：以专业学习共同体为例

在阐述“会议”的传统概念时，专业学习共同体是一种很有前景且比较流行的方式，它有利于教师实践能力的提高。专业学习共同体是由教师和教育领导者组成的小型合作集体，他们定期开会，一起制订计划来强化实践能力。虽然这种教育专业发展策略的研究刚刚开始，而且绝大多数研究都是在 K—12[1] 教育机构中进行的，但有证据表明，参与专业学习共同体不仅可以提升教师的实践能力、支持合作式的专业文化，而且最终会促进幼儿的学习（Bryk，Camburn，& Louis，1999；Supovitz，2002；Vescio，Ross，& Adams，2008）。在研究和与幼儿教育机构的合作中，我们将专业学习共同体作为一种机制，把 21 世纪成人学习模式引入实践中（见第 6 章）。结果表明，我们的合作是充满希望并且鼓舞人心的。正如一位参加研习会的教师告诉我们的：“在（传统的）培训中，一天里可以学到很多专业知识，但是很快就忘了。在这里（专业学习共同体），我们每天学习特定的专业知识，然后在班级里尝试实践。”并且，不仅是参与的教师觉得专业学习共同体研习会很有用，事实上，这种方式对教师和幼儿都是有利的。当测试幼儿的早期读写能力、词汇量和社会性－情感技能时，我们发现这种方式对成人专业学习和关于幼儿学习与发展的学习都有一定的影响。

专业学习共同体：是什么，不是什么

我们目前了解到，专业学习共同体的有效实施，不仅有助于提高教师的学习和实践能力，而且有利于幼儿教育机构的文化建设。但是，在考察以

[1] 美国基础教育的统称，指从幼儿园（kindergarten）到十二年级的教育。——译者注

研究为基础，形成对建立积极的且富有成效的专业学习共同体有效的策略之前，我们首先要阐述构成专业学习共同体的基本要素，因为它们是形成专业学习共同体的基础。

尤其是，如果没有明确地解释专业学习共同体是什么、不是什么，那就是我们的疏忽。毕竟，从幼儿教育到高等教育的改革，往往都会偏离特定教育改革策略的预期设计，以至于最终看起来与传统做法非常相似，只不过是换了个新名字而已。此外，随着专业学习共同体的流行，需要注意的是，并不是教师参与的任何形式的专业学习都能够组成一个专业学习共同体。例如，在把本章开篇案例中梅琳达召开的会议称为专业学习共同体之前，我们肯定会再三思考。在过于随意地使用这个术语并在它开始失去意义之前，重要的是要识别出不是专业学习共同体特征的样态和策略。图 7.1 列举了一系列专业培训和发展的方式，他们可能在教师的专业发展中占有一席之地，但肯定不属于符合规则的专业学习共同体。

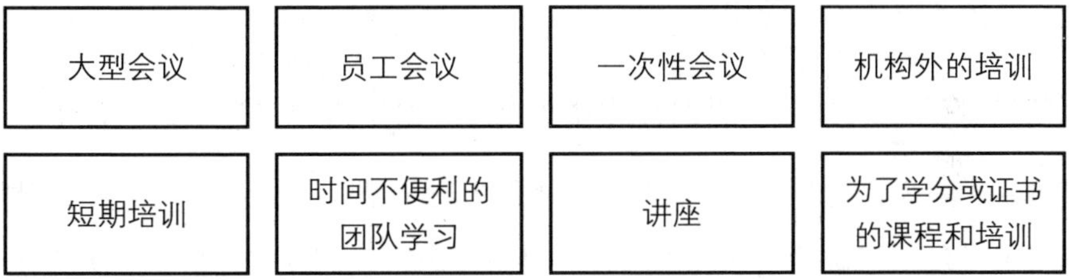

图 7.1　专业学习共同体：不是什么

专业学习共同体的主要特征

如果图 7.1 中的特征不属于专业学习共同体，那么真实有效的专业学习共同体的特征是什么呢？接下来，我们将阐述它的四个关键特征。

专业学习共同体是由教师组成的小型合作集体

专业学习共同体是由一小群教师组成的，他们来自同一所学校或幼儿教育中心，或者定期合作的幼儿教育中心、学校（比如，一家幼儿教育中心和当地的公立学校定期合作，一家家庭托儿所和邻近有多个班级的幼儿教育中心定期合作）。成员通常由合作教学团队组成，包括教师、助理教师、专业人员的助手，他们在同一个班级，还可能包括专家和教练，他们与参与的教师一起工作，照顾幼儿。

每个专业学习共同体都有一位有经验的引导者

根据定义，专业学习共同体包含一位有经验的引导者，他可以指导教学和对话，引导集体沿着其计划的目标前进。这位引导者可能是教练、专家或教师领导者。理想情况下，他还将担任课堂教练（见第8章）。如果引导者能够识别和应用幼儿教育领域的最佳实践，那么他就是高效的引导者，通常这种能力是在经验、持续学习和反思中获得的；但这个角色的关键在于有指导成人的能力。有经验的引导者会脚踏实地地工作，与教师、助理教师和专业人员的助手一起感受实际教育情境中的经历，同时表现出理解和指导成人的能力，能够在教师的专业学习中引导他们，并且在理想的情况下对教师的成长或改变有着坚定的愿景。

根据我们在专业学习共同体的经验来看，管理者既不是专业学习共同体的引导者，也不能是专业学习共同体的成员。为什么专业学习共同体不包括管理者？因为尤其在聚焦于教师的核心能力时（见第一部分），专业学习共同体研习会包括坦诚的对话和批判性的自我反思；我们发现评估（真实的和感知的）不应该是这些培训的一部分。回想一下梅琳达竭力想从教师那里获得有关他们面对的挑战的回应。这些教师可能不会有反应，甚至有点紧张，不敢透露他们所面临的任何挑战，因为他们觉得自己可能会被管理者评估。承认自己面临的挑战，说出来还有可能会被评判，这对教师来说是很困难的。经验表明，除了管理者或行政人员以外，让其他人担任专业学习共同体中的引导者，会避免教师产生复杂的情感，增加团队中真诚的沟通，这样会更有成效。在梅琳达的例子中，她可以考虑任命其他人作为这个共同体的引导者。

专业学习共同体研习会在机构中开展

专业学习共同体研习会易于开展，通常在幼儿教育中心或学校中进行。教师们聚集在中心或学校始终如一且合适的空间（远离幼儿）开展。为了避免本章开篇案例中玛丽亚所经历的情况，专业学习共同体研习会应该对所有有关教师来说都是容易参与的，而且应该提前考虑到涉及的问题和时间限制。

专业学习共同体研习会具有持续性

专业学习共同体研习会是定期频繁召开的，例如每周 1 小时。它们也是持续进行的：教师团队在整个学年中始终如一地参加培训，而且最理想的情况是，他们会持续多年（见第 6 章关于设计密集、持续和连贯的专业发展机会的重要性）。在探索幼儿学习中心，专业学习共同体研习会已经变得很少了。可以对专业学习共同体的任务进行优先排序，这样每次培训都可以确保持续地朝着一个特定的目标前进。

幼儿教育领导者需要确保机构的专业学习共同体的设计包含这些特征，这样他们才能顺利有效地运行。想想梅琳达和她遇到的挑战，主要是由于专业学习共同体的关键因素丢失了。在学校启动一个专业学习共同体或评估现有专业学习共同体策略的设计时，可以使用图 7.2 的自我反思检核表来引导思路。

- ☐ 有一位有经验的引导者。
- ☐ 合作教学团队参与其中。
- ☐ 与教师们共事的专家和教育者一并参与其中。
- ☐ 始终如一地在合适的空间进行（远离儿童）。
- ☐ 频繁开展（如每周或每月两次）。
- ☐ 持续开展（为了共同体的长远发展）。
- ☐ 定期开展（是教师日常工作中固定的一部分）。

图 7.2　用于设计专业学习共同体的详细检核表

设计有效的专业学习共同体所需的策略

定期频繁地在同一个地点开展活动的小型合作教学团队，可能不会带来教师的专业成长，进而不会把这种成长转化为为幼儿创造更好的学习环境。了解专业学习共同体的主要特征，只是形成专业学习共同体的第一步。要真正支持教师的专业成长，下一个重要的任务是设计参与共同体的方式和学习计划。正如第 6 章所述，为了使专业发展更为有效，计划应该基于数据驱动和机构的需求，而参与的方式应该是合作性的，并扎根于实践。那么，在专业学习共同体的背景下，如何将这些有效的专业发展原则付诸实践？接下来，图 7.3 阐述了指导专业学习共同体工作的四项设计策略。

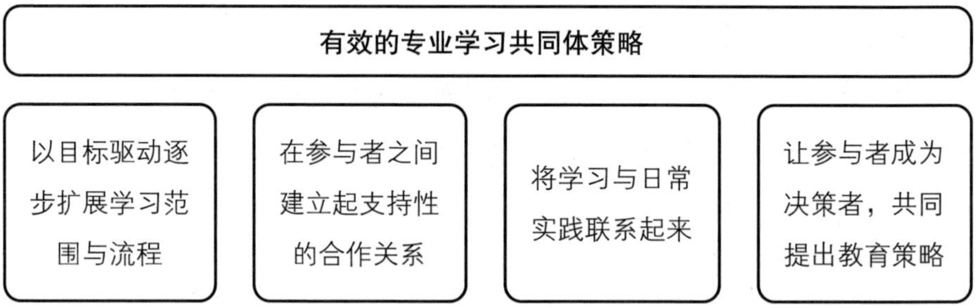

图 7.3 设计有效的专业学习共同体的关键策略

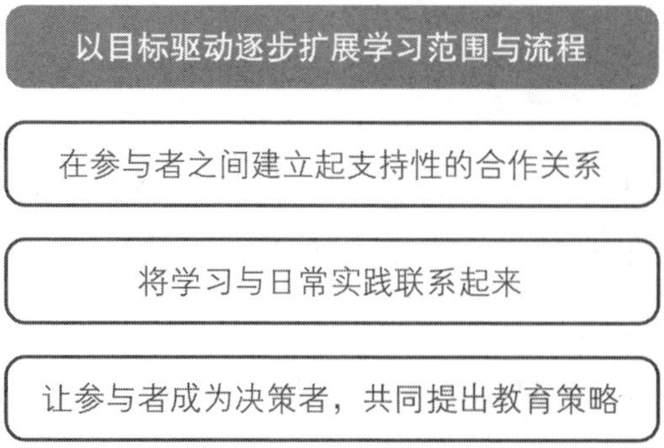

策略 1：以目标驱动逐步扩展学习范围与流程

如果专业学习共同体的工作是为了强化教师的实践能力，那它必须存在于一个更大的学习计划中（Supovitz，2002）。回顾第 6 章，幼儿教育领导者可以使用已有的数据确定机构的需求现状，关注有限的专业学习目标。这些相关且具有强烈影响的目标促使专业学习共同体完成学习范围，并确保教师能够学习有针对性的专业学习共同体课程，随着时间的推移，就会实现深度学习。

可以使用这个范围设计更具体的目标，从一个目标逐步扩展到下一个目标，直至最终目标。逐步扩展是什么意思？与创建罗列独立目标的学习计划相反，我们在组织学习计划时有意地将目标顺序与目标能力的发展联系起来。然后，每个目标都与下一个目标相联系，重点是前一个目标有助于后一个目标的完成。通过这种方式，教师不断地深入挖掘他们所知道和所做的事情来"扩展"知识。一次接着一次的培训，就可以在实践中发生增量的、真正的、持续的变化。

当使用专业学习共同体研习会来逐步扩展和加深知识的学习时，教师可以在这个过程中完成许多重要的任务，如形成想法、分析实践、协调不一致、得出结论、完善和扩展专业知识。我们不是仅在继续影响课堂互动和学习的根深蒂固的困难上制定新的教学策略（权宜之计），相反，我们正在有意地缓慢发展能够解决根本问题的能力。

这会是什么样

在与幼儿教师的工作中，我们设计了一个范围和流程，专注于培养教师的核心能力，这些能力在第一部分中已经描述，并在图 7.4 中进行了总结（即第 1 章的图 1.3）。我们聚焦于这些能力，因为它们是实施和有效管理日常体力、情绪和脑力劳动的基础，而体力、情绪和脑力劳动是高质量的幼儿教育所需要的。但是，提高教师的这些能力并不是通过简单地检查列表中的一个目标，然后再检查下一个目标逐步完成的。相反，我们必须设计一个范围和流程，以反映我们所知道的这些能力是如何在成人学习者中培养和完善的。

执行功能（第 2 章）	情绪调节（第 3 章）	社会交往能力（第 4 章）	对话学习（第 5 章）
• 计划 • 保持专注并坚持到底 • 同时使用多种技能 • 反思 • 灵活思考	• 情绪认知与理解 • 情绪示范（表达和描述） • 情绪管理（自己和他人）	• 以同理心看待和回应 • 理解社交信号和行为 • 管理冲突和行为（教师和幼儿） • 与成人合作	• 以书为锚 • 提出开放式问题 • 促进扩展性对话 • 运用称赞和积极的语言

图 7.4　回顾：教师的核心能力

具体地说，图 7.5 提供了一个鸟瞰图，让我们思考怎样将这些目标排序以此匹配核心能力的增长。如你所见，我们围绕四个相关主题设计了四个宽泛的模块（或单元）：

1. 创建反思型专业学习共同体
2. 分析课堂压力：时间，地点，原因
3. 运用策略培养自己和他人
4. 加强人际关系，以便为教与学服务

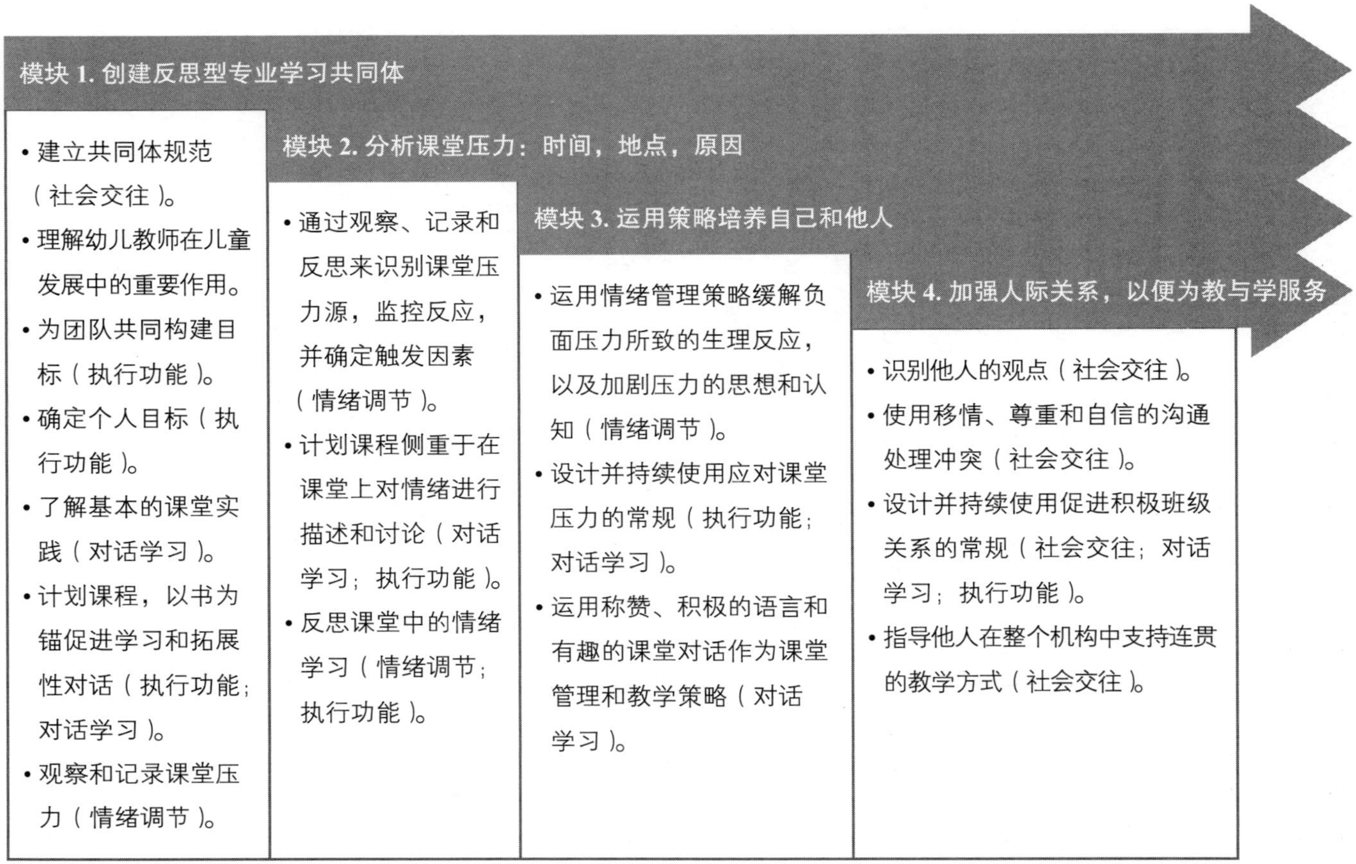

图 7.5　与教师核心能力发展相匹配的递进流程示例

当说这些主题是通过一个不断扩展的流程来实施时，我们是认真的。这四个模块贯串了整个学年。在接下来的一年，我们进一步完善这些能力，重点是实施前一年学习和实践的策略。

这些模块如何遵循与核心能力发展相匹配的顺序？让我们思考一下模块1。在第一个模块中，我们花了大量时间关注专业学习共同体本身，如共同构建规范、建立团队目标、激励机构中的每个成员、对最佳实践达成共识。因为核心能力是最关键的，所以我们从创建共同体开始：如果仅专注于情感和人际关系，那么可能会把弱点暴露出来，但是批判性地合作反思教学实践会让我们发现弱点。因此，要使这项重要工作向前推进，形成具有凝聚力且相互信任、共享知识的共同体是基础性工作。

再举一个例子说明教师核心能力发展的流程，以及情绪调节能力和社会交往能力是如何安排的。情绪调节能力在前三个模块中得到了更多的强调，而社会交往能力尽管在早期确实发挥了作用，但在最后一个模块中成为更受关注的领域。这表明培养自我意识和自我调节的重要性，这是加强人际关系的先决条件。

重要的是，核心能力的另一个特征是它们永远无法被完全掌握；它们是“成长型能力”，可以而且应该在教师的整个职业生涯中培养和完善。因此，永远不要放弃范围和流程中的目标（由图 7.5 中的箭头表示）。当致力于新的但相关的目标时，我们会继续通过有目的的重复来扩展和强化之前的目标。因此，教师不断地有机会形成在之前的培训中提及的复杂能力。

坚持到底

当事情变得更加紧迫时

当召集一小群教师在同一所学校或中心一起工作时，从来不缺少可以讨论的问题。从如何应对开始咬同龄人的孩子，到如何应对放学时多次迟到的家长，再到最新的规定和标准的变化——谈论的话题比比皆是！问题是：我们什么时候停下来通过专业学习共同体研习会处理紧迫的问题？什么时候把最近的“危机”搁在一边并坚持到底？

根据经验，我们不使用专业学习共同体研习会来解决日常问题，也不将此问题的解决与专业学习共同体的目标（例如反思情绪反应，试图理解不同的观点）联系起来。在最好的情况下，这些紧迫的问题展示了重要的教学时刻，我们可以利用它们来实现我们的目标。但是，除非幼儿和教师的身体或情绪健康受到威胁，否则围绕最新问题或困境的讨论不应取代或减损这一关注更大问题和根本原因的重要时刻。

策略 2：在参与者之间建立起支持性的合作关系

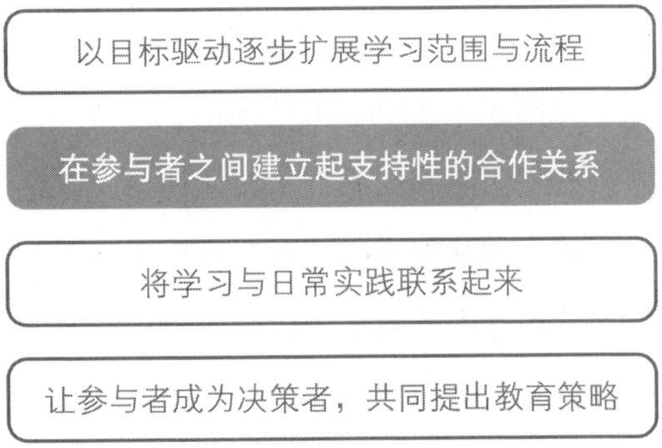

正如第 6 章中提到的那样，合作和互动的学习经验是改善教育实践的关键。学习，就其本质而言，是社会性的。当专业学习为教师提供持续不断的机会来讨论想法并将其结合在一起，而不仅仅是通过阅读或倾听进行学习时，对于知识的学习就会加深，误解也会得以澄清。

因为专业学习共同体研习会定期、频繁地开展，而且由在同一中心或学校一起工作的教师集体组成，所以合作和互动的学习经验所产生的效果并不局限于个别教师的知识发展。相反，合作的专业学习共同体活动和任务本身就是一个加强参与者之间关系的平台（Goddard，Goddard，& Tschannen-Moran，2007）。教师之间良好的人际关系十分重要！在教育环境中，成人之间的支持性合作关系是健康的学习氛围和有效教学发展的土壤（见第 4 章）。专业学习共同体提供了一个用于参与各种积极互动的试验场，以此建立合作、支持的专业关系。

这会是什么样

在与幼儿教师的合作中，我们促进专业学习共同体朝着图 7.5 所示的范围和流程工作。在这项工作中，无论具体目标是基于人际关系的（例如识别他人的观点）或不是基于人际关系的（例如以书为锚，规划课程，促进学习），加强参与者之间的支持、合作的关系都是关键。那么如何做到呢？每一次的专业学习共同体研习会都包括交互式讨论和团队合作。更重要的是，我们有意支持这种合作，并定期反思整个团队合作过程本身。

让我们举个例子来说明。你可能注意到，图 7.5 中各个模块的教学计划是一致的。在我们的工作中，“教学计划”几乎总是意味着与其他教师“共同计划”。为了支持教学计划和合作关系，专业学习共同体的引导者需要在团队之间来回走动，倾听所有的声音，示范观点采择，并协调不同的观点。一旦教学团队共同制订了教学计划，以进一步鼓励专业学习共同体内的教师之间建立相互支持的关系，每个团队就会分享自己的计划和问题。其他专业学习共同体内的成员随后会给出反馈，并与分享者一起解决问题。在分享教学计划时，教学团队往往会修改自己的教学计划，以整合同事的好想法。随着时间的推移，这种小团队和整个团队的合作将会有助于在专业学习共同体研习会中培养支持性的专业文化，这种文化会渗透到培训以外的日常互动中。

策略 3：将学习与日常实践联系起来

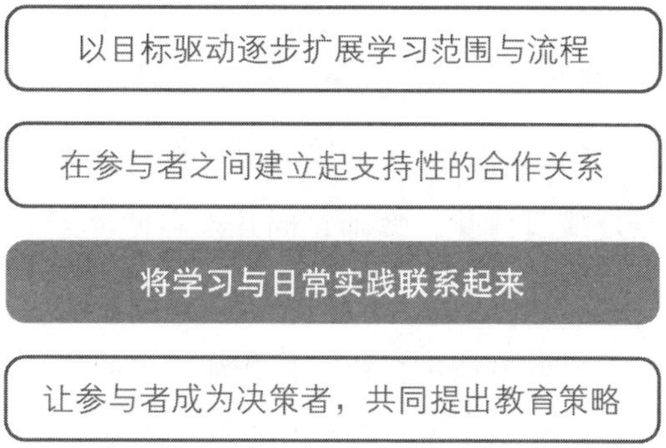

专业学习共同体的重点通常是抽象的，也可能是离散的策略或主题。举例来说，强化课堂上的执行功能或情绪调节，并不能让教师立即想到显而易见的策略。由于教育理论和实践之间可能存在差距，即使是有明确的教学目标，如使用班级对话促进幼儿的学习，在最初对教师来说也可能是复杂且具有挑战性的。当然，这并不意味着我们偏离了提高“难以解释”的教师核心能力。如果专业学习共同体的工作是为了促进专业成长，那么绝对要强调作为有效教育基础的能力（而不是只专注于离散的或者技术性的教学策略），但如果总是致力于理论模式，而没有把对话建立在具体的课堂策略或例子上，那么也是不明智的。按照这种思路，当研究抽象能力时，我们可以从日常实践中的任务或例子开始，它们会阐明一些我们熟悉的内容，然后在几次专业学习共同体研习会之后把这些具体的课堂任务或例子与概念较为陌生或抽象的能力联系起来。

这会是什么样

为了说明我们的意思，让我们举个例子。在图 7.5 所示的模块 2 的范围和流程中，教师使用观察、记录和反思来识别班级的压力源，监控反应，并确定触发因素。最终，从这项工作中产生的一个关键理解是互动的交互性：教师的行为会激发幼儿的情绪和行为，进而也会反过来激发教师的后续反应（见第 2 章）。这种循环从表面上看是有意义的，尽管教师有时很难在班级互动中“看到”它。直到教师理解这个循环在环境中的表现方式时，他们才会为了形成可调节的学习环境而改变自己的反应。例如，在模块 3 中，如果没有首先认出这些模式，就很难设计出应对课堂压力的常规。（也许，在传统的专业学习中，设计和实施班级常规是起点，但在这种方法中，我们优先考虑教师的能力和教学过程，而不是离散的策略。）

那么，如何支持教师理解和回应互动的交互性呢？首先，通过记录将情绪反应具体化，教师每周几次在便签纸上记下一天中困难时期的情绪反应。然后，在专业学习共同体研习会中，使用这些记录在案的具体例子对困难时刻发生的事情进行相对复杂和抽象的分析，用反思性的提示不断询问（例如"当你以一种特定的方式做出反应时，往往会发生什么？"），并将教师和幼儿在这些时刻的行为和感受绘制成图表。此外，阅读并分析相关的简要案例，重点关注案例中教师和幼儿如何影响彼此的反应。最后，在分析教师的生活经历并结合简短的相关案例后，制定可以用来管理课堂压力的策略（见第 2、3、4 章）——这些策略强调互动的交互性。一旦理解透彻，就回到理论层面设计改善互动的策略，并进一步分析班级中的关系。

对教师来说，与日常实践建立起具体的联系意味着什么

将学习与课堂实践建立起具体的联系，可以支持教师的知识发展和实践——但这还不是全部。教师参与对专业共同体策略来说也很重要，尤其是在早期。可以理解的是，许多教师都有一种"明天再尝试"的想法。这种想法（或期望）与早期专业学习共同体研习会的重点（即共同体创建、目标发展和开始理解当前实践）是背道而驰的。因此，我们强烈建议从一开始就将具体的课堂策略融入专业学习共同体的工作中。

例如，请注意，在图 7.5 的范围和流程中，模块 1 的目标是以书为锚促进学习。当然，这个目标与专业学习共同体的总体目标相吻合——对话学习策略在幼儿教育中是最重要的，而计划共同阅读是发挥执行功能的一个有用方法。然而，从一开始就关注这一目标意味着教师需要立即拥有高质量的儿童文学作品，并能够围绕这些作品规划有效的课程。教师对在早期使用儿童文学作品进行教学工作的反应是非常积极的；拥有文学作品，使教学计划和反思成为可能，并且激发了专业学习共同体成员之间丰富的对话，恰巧此时我们正在花费大量时间致力于建立一个具有反思性和合作的专业学习共同体。

策略 4：让参与者成为决策者，共同提出教育策略

以目标驱动逐步扩展学习范围与流程

在参与者之间建立支持性的合作关系

将学习与日常实践联系起来

让参与者成为决策者，共同提出教育策略

有效的专业学习共同体所参与的实践既能反映出对共同体成员的知识和生活经验的高度重视，又能反映出参与者积极参与知识创造对其学习、参与和持续领会新实践的重要性（Lieberman & Miller，2011；Vescio et al.，2008）。因此，在专业学习共同体研习会上，引导者要持续有策略地向参与者发布任务，使他们在设计学习活动方面发挥领导作用。重要的是，当让专业学习共同体成员成为决策者，并提出教育策略时，我们不会偏离或改变根据团队成员的意见或判断精心设计的目标和计划。这一策略如果得到有效执行，就会提高工作效率，而不会发生实质性的改变。在实践中，这一策略确保共同体成员定期有机会：

- 决定团队工作流程；

- 根据他们和幼儿的需要调整课堂策略；
- 促进讨论与合作。

最终，参与的教师会成为自己的学习和学习过程的主导者，因此，专业学习共同体所带来的改进将具有可持续性。

这会是什么样

让参与者成为决策者并提出教育策略，有助于促进幼儿教育环境中专业学习共同体的发展。这个策略渗透到工作的各个方面，并不断地与参与者的参与、投入和吸收联系在一起。表 7.1 展示了使用这种特殊的专业学习共同体策略的真实示例。

表 7.1　让教师作为领导者、决策者和共同建设者的示例

专业学习共同体研习过程：设计和使用团队讨论规范（第 4 章） 团队规范是共同体成员共同设立的。团队定期就集体遵守规范的方式进行反思，关注团队如何改进，并集思广益，讨论如何修订规范以更好地反映当前团队的需要和价值。
专业学习共同体研习过程：使用教学反思提纲（第 2 章） 专业学习共同体成员轮流使用反思提纲来引导小组对话。当担任领导角色时，专业学习共同体成员会提出问题，促使成员进一步反思，提供见解和建议，遵守共同体规范。
专业学习共同体目标：设定（第 2 章） 开展专业学习共同体研习会时，引导者分享代表专业学习共同体目标的图表并阐述如何实现这些目标（见图 7.6）。然后，参与者批判性地分析图表并提出改进建议。例如，修改对目标或工作的语言描述，以更好地反映教师的经验。参与者还可能对即将发生变化的过程提出自己的想法，为如何修改图表提供建议，以更好地反映专业学习共同体将完成的工作。这种共同建构的视觉效果可用于检验正在进行的工作。

续表

策略：设计一个评价情绪反应的量表（第 3 章） 引导者介绍一个可以用于评价压力的量表。首先，量表包括 0 到 5 的标度，用来描述不同的压力等级，但是没有描述不同的压力等级是什么感觉。团队可以通过合作生成这些描述，并将它们添加到图形工具中（见第 3 章）。现在，使用小组讨论出的语言和大家共同使用的量表来评价和描述压力体验，从而鼓励情绪意识的生成。
策略：制定班级常规以促进良好人际关系的建立（第 4 章和第 5 章） 引导者解释促进积极课堂关系的常规的使用原则，并分享应用这些原则的常规案例。专业学习共同体成员决定如何根据这些原则修改当前的班级常规，或者是否需要制定一个适用于这些原则的新常规。例如，引导者可能会解释促使幼儿之间你来我往对话的重要性，并提供“想一想，找朋友说一说”这一常规作为支持课堂对话的示例，但接下来教师可以调整常规，或设置一个不同的常规，从而适合特定的课堂环境，实现同样的目标。

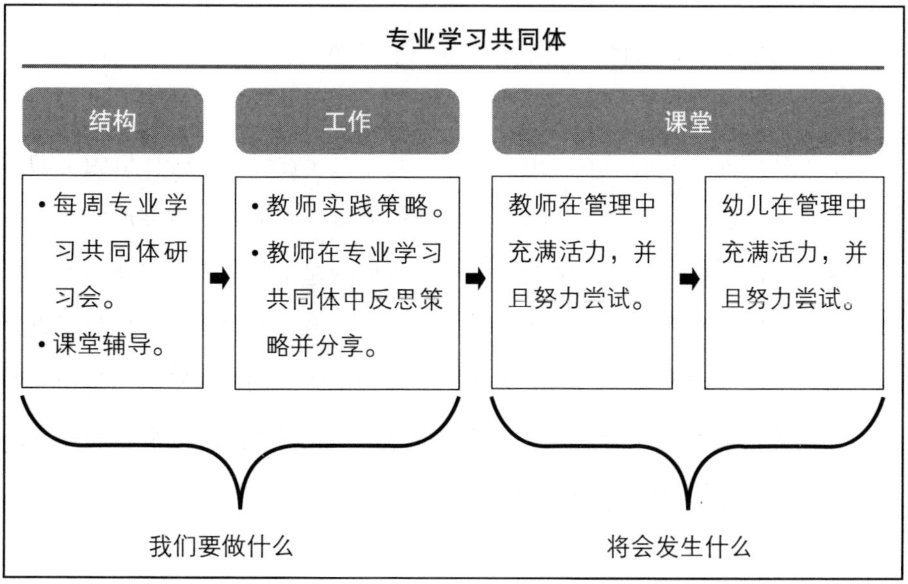

图 7.6　专业学习共同体成员通过共同努力促成改变的示例

总结：用有效的专业学习共同体引领学习环境

正如我们所了解的，专业学习共同体充满具有共同经验的、可以合作的同事，是培养教师能力的天然场所。专业学习共同体提供了持续的、密集的专业发展方式，鼓励教师之间的合作和反思，并且与幼儿的实践直接相关。

幼儿教育领导者如何确保专业学习共同体达到这些目标？创建专业学习共同体当然可以支持机构的质量改进，只要领导者明白专业学习共同体是一个平台或方式，而嵌入专业学习共同体的内容和过程最终就会发挥重要作用。领导者还需要记住，创建有效的专业学习共同体需要时间和深谋远虑；规划和制定一个特定目标下的范围和流程，并知道如何执行计划来实现目标，这对于尽早走上正确的轨道是必不可少的（见第 9 章）。领导者创建专业学习共同体并持续开展培训之后，需要注意的是，培养信任、合作的人际关系以及共享学习的文化同样需要时间。

领导者一旦了解了有效的专业学习共同体的主要特征，就要思考自己在专业学习共同体方面的经验。图 7.6 旨在支持领导者思考其所在机构中的专业学习，这体现了专业学习共同体成员如何通过共同努力有效促成改变。在工作中，我们发现这样图形化的描述对于我们的愿景和工作中专业学习共同体的成功实践都起到奠基的作用。领导者也可以使用图 7.7 中的自我反思工具来指导下一步如何创建一个新的专业学习共同体，调整其机构中类似专业学习共同体的某些工作特点（在适用的情况下），或者推动一个已经存在的专业学习共同体朝着更有效的方向发展。

领导者可以设计和实施专业学习共同体通过……	关于你所在的专业学习共同体，你注意到了什么	你发现了什么样的整体模式或趋势
以目标驱动逐步扩展学习范围与流程		
在参与者之间建立起支持性的合作关系		
将学习与日常实践建立联系		
让参与者成为决策者，共同提出教育策略		

图 7.7　用于专业学习共同体的自我反思工具

接下来，第 8 章将探索教练式辅导如何与专业学习共同体模式相结合，为促成有效的专业学习提供另一种重要的模式。我们将这种模式称为关联式辅导，对其要素进行分析，并提出建立和实施关联式辅导的策略。

第8章

关联式辅导

杰达用一种新的批判性眼光环顾她的班级。自从主任梅琳达把新教练卡伦介绍给中心的教师们，杰达对自己的课堂组织和教学有了更多的了解。杰达想知道今天的会议将是什么样子的；他们计划讨论她几天前所授的一节课，而杰达不确定自己的看法。不过她微笑着想起了卡伦下课后留下来擦桌子、帮孩子们准备午餐的画面，这让她感到惊喜。看起来，卡伦能够理解她。

卡伦走进教室，拿着笔记本和休息室的两瓶冰水做好了准备，她说："我们还有工作要一起做，我很期待！"卡伦笑了，她看着杰达的眼睛。"现在可以吗？我们坐下来开始吧——我想谈谈我昨天早上在圆圈时间注意到的一些很棒的事，我很想听听你的想法。"杰达犹豫地笑了笑，她们走到桌子旁坐下。卡伦递给杰达一瓶水，然后拿出讨论计划。杰达喝了口水，心想："也许不会那么糟。"

在这个充满活力的新的幼儿教育时代，人们对幼儿教师的要求非常高，对通过幼儿教育促进幼儿学习与发展抱有很高的期望，正如我们在第6章所讨论的，研究（和常识）告诉我们，教师专业发展对提高课堂质量至关重要（Neuman & Cunningham，2009；Sheridan，Edwards，Marvin，& Knoche，2009）。

如今，辅导可能是最受欢迎的专业发展方法——现在有一个很明显的趋势，人们将辅导作为改革的一个重要组成部分，确信它能够改善教与学（Zaslow et al.，2010，2011）。研究结果支持这一趋势；许多研究表明，比起接受传统形式专业发展活动（如课程）的教师，接受辅导的教师更有可能深入、有效地投入正在学习的教学实践（如，Neuman & Wright，2010）。而且，辅导不仅能够提高教学质量，一些研究表明，它还可能是一个强有力的工具，可以增强教师对其教学能力和有效性的信念，从而增强他们尝试新实践的信心（Tschannen-Moran & McMaster，2009）。

因此，在许多方面，如果想要教师获得专业学习机会，那么通过辅导进行持续的支持和鼓励是必要的。但到底什么是辅导？它可以被定义为一种旨在达成下列目标的策略：培养教师拥有教与学的知识；提供有效教学的示范，然后让教师有机会在支持下参与有针对性的实践；提供机会让教师获得支持性的有益反馈，并在有效促进实践发展的过程中，参与处理其中的难题。一般来说，教练通常在课堂上示范策略，有针对性地观察课堂实践，并对这些实践提供支持性反馈（Neuman & Cunningham，2009）。

在本章中，我们回顾了一种与第 7 章所描述的集体学习相结合的辅导模式：关联式辅导（connected coaching）。基于前文引用的研究，接下来我们将概述该模式的关键要素，并提供提纲，帮助幼儿教育领导者在实践中有效地使用辅导。

辅导：是什么，不是什么

如前所述，辅导是一种个性化的专业发展策略，即教练支持教师把从集体培训课程中学习到的知识和策略应用到课堂上。为了完成这项重要的工作，教练会定期、频繁地进行班级观察与指导，同步观察课堂过程并提供现场支持。接着，教师和教练讨论观察与指导的内容，并通过共同反思来确定下一步骤。

为什么说接下来要描述的辅导是“关联式”的？在这里，我们使用了关联的多重含义，它既指这种模式在集体学习和课堂实践之间的联系，又指在支持性实践中的专业成长和变化方面教练 – 教师关系所发挥的关键作用。接下来，我们将深入研究这两种关联。

首先，如图 8.1 所示，这种指导方法在课堂和集体培训课程之间架设了桥梁（或双向连接）。为了建立这种重要的关联，课堂教练通常也是集体学习的引导者，他们：

- 支持教师，并帮助教师解决集体学习中讨论的策略在应用于课堂时所遇到的问题；
- 利用从培训中收集的信息，根据团队成员的经验模式，设计集体学习课程。

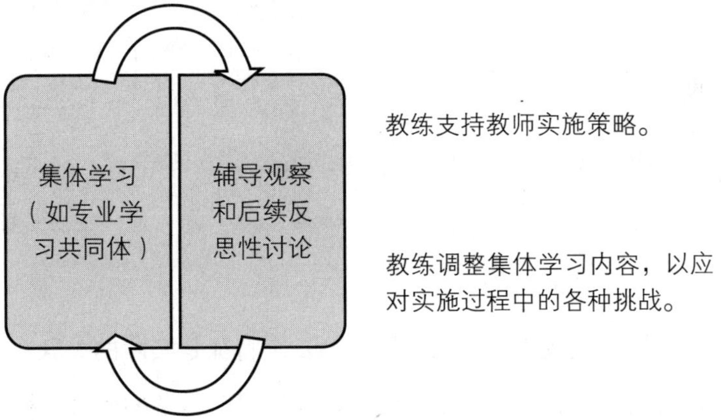

图 8.1　为什么是“关联式”辅导

关联式辅导可以与任意的集体学习模式相关联，这些模式体现了第 6 章所述的有效专业学习的特征。在工作中，当教师实施专业学习共同体中学到的知识和策略（见第7章）时，关联式辅导能够支持他们。在采用这种方法时，机构的专业学习共同体中有经验的引导者将同时担任教练，辅导内容包括指导专业学习共同体围绕以目标驱动的范围与流程开展的工作。

重述专业学习共同体

专业学习共同体是一种机构本位的、密集的专业学习方式。在这种方式中，教师和教学领导者组成小型合作团队，他们定期、频繁地会面，致力于制订一个长期计划，意在改善教师的实践能力。研习会由一位有经验的引导者指导，他确保专业学习共同体会议：

- 以目标驱动逐步扩展学习范围与流程；
- 具有合作性并专注于人际关系的建立；
- 与日常实践建立具体的联系；
- 是参与者共同构建的。

专业学习共同体是支持幼儿教师之间进行真正专业学习的关键，但要使专业学习共同体研习会上发生的集体学习（课堂外）促成个人行为的改变（课堂内），就需要在培训后提供支持来促进和支持课堂实践。这就是关联式辅导发挥作用的地方。

使这种辅导模式成为“关联式”的第二个特征是实际的关联——教练和教师之间用心建立的关系。为了充分实现辅导对教与学的改善，教练和教师必须建立以信任、相互尊重和开放交流为特征的个性化伙伴关系，这种关系应当足够灵活，能够满足不同环境、教师和儿童的需求。为什么这种关系是教练式辅导模式的基础？从教师的角度来看，让别人观察自己的教学，接受建设性的反馈，然后尝试新的方法来改善实践，并不容易。因此，教师和教练之间的积极关系至关重要，这种关系将评估与讨论、信任与尊重结合起来。只有建立信任基础，教师－教练关系才能用以改善实践。

来自现场的声音

关联式辅导的力量

内容的关联

“这些活动（在专业学习共同体研习会上学到的）是基于课堂观察的，不是千篇一律的……它们围绕班级里实际发生的事情而构建。”

关系的关联

“教练不是在那里鞭笞你，也不是在观察你，确保你做的每件事都是对的。她从来没有那种感觉。你会觉得她是来帮助你改善一切的。”

在钻研基于研究的、能实现关联式辅导的策略之前，我们需要提醒自己，所有被贴上“辅导”标签的活动可能都不符合 21 世纪专业学习领域中这个词的含义。作为一种策略，辅导在当今的幼儿教育环境中不断传播，然而在许多机构中，辅导不仅对教练和教师而言定义不明确，与环境中的许多其他专业发展活动脱节，还缺乏有效专业学习所必需的许多其他要素。这种情况下，最糟糕的结果是，现在的辅导采取评估取向；最幸运的结果是，教练－教师关系受到尊重，但这种关系与旨在促进教师发展和教学改进的机构本位宏观战略没有关联。因此，在过于随意地使用“关联式辅导”这个术语，从而导致它失去意义之前，我们希望非常精确地表述使其有效的形式、关注点和一般方法。为此，图 8.2 将常见的辅导误区与真正的关联式辅导的核心特征进行了对比。

	常见的辅导误区	关联式辅导
形式	•进行少量不频繁的或不准时的课堂观察与指导。 •课堂观察与指导后缺乏后续行动，或观察与指导和后续对话的间隔太长。	•进行持续、频繁和有计划的课堂观察与指导。 •课堂观察与指导总是与及时的反思性对话连在一起。
关注点	•关注认证或许可要求（即合规性监控）。	•关注与集体学习相同的以目标驱动的范围和流程。
方法	•教练采取评价、监督或惩罚的态度。 •教练与教师建立友好关系，但从不超越“善意文化”。 •教练要么不插手（坐在后面记笔记），要么过于亲力亲为，这种课堂情况的改变在于教练，而不是教师的学习。	•教练采取非评判性、支持性和回应性的态度。 •良好的、相互尊重的教练－教师关系是就实践进行批判性对话的途径。 •教练是亲身参与的观察者，支持教师的工作、计划和专业成长。

图 8.2　关联式辅导：是什么，不是什么

关联式辅导的有效策略有哪些

接下来的内容提供了一系列将关联式辅导付诸实践的策略，图 8.3 展示了指导关联式辅导工作的三项主要设计策略。首先，我们描述了持续、频繁的课堂观察与指导的价值，这种课堂观察与指导包括同步观察和实际课堂参与。然后，我们将深入探讨课堂观察与指导之后的个性化、反思性讨论。在这些描述具体指导策略的内容中，强调了如何培养和利用教师与教练之间的关系。

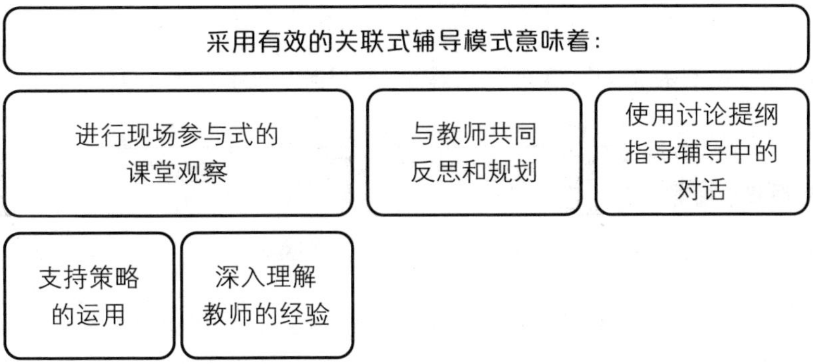

图 8.3　有效的关联式辅导模式的关键组成部分

策略 1：进行现场参与式的课堂观察

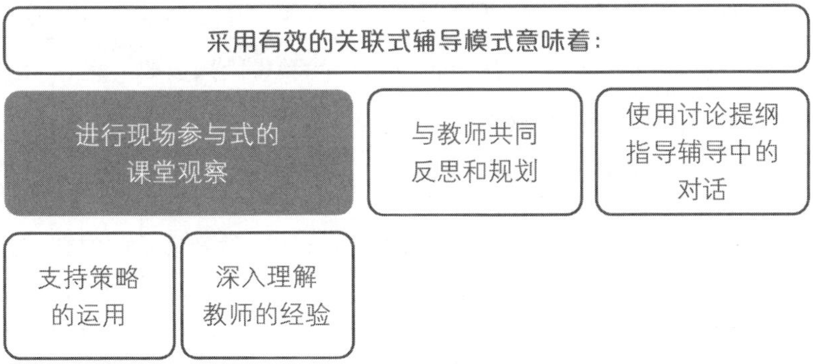

在这种课堂支持和在职专业学习模式中，教练和教师会安排定期且频繁的课堂观察与指导。在我们的工作中，现场参与式的课堂观察为促进本书第一部分所述的教师核心能力的发展提供了基础作用。它们是我们改进想法的必要组成部分，参与者认为这对他们的学习和成长有重要帮助。图 8.4 详细地显示了在课堂观察与指导之前、期间和之后，教练工作的步骤和目标。在图 8.4 的“课堂观察与指导期间”中，参与式课堂观察有助于实现两个相互关联的目标：

1. 支持教师运用在集体学习中讨论到的能力和策略；

2. 深入了解教师的日常经验（在他们特定的专业背景下）。

课堂观察与指导之前

与教师

- 计划课堂观察与指导的日期和时间。
- 确定课堂观察与指导的目标（可能包括观察和支持特定的策略、活动或常规）。
- 讨论教练应提供的所有材料或其他资源。

独立地

- 收集所有必要的材料。
- 计划有助于实现目标和建立关系的指导措施。

课堂观察与指导期间

- 支持教师运用能力和策略。
    - 示范、合作、赋能和建立联系。
- 深入理解教师的日常经验。
    - 从共同学习、努力和进步、遭遇挑战的过程中注意教师的策略运用。

课堂观察与指导之后

- 记录与集体学习相关的观察结果。
- 反思自己的方法。
- 为后续个性化、反思性的讨论做好准备——对初始焦点、问题和下一步骤进行头脑风暴。

图 8.4　参与式观察详述

来自现场的声音

参与式的课堂观察

“看到她（教练）在课堂上实践他们（专业学习共同体的引导者）教给我们的东西，对我们真的影响很大。比如说，好吧，我可能不是那样做的，但如果她那样做行得通，我也会那样试试。”

接下来的内容将深入探讨这些并行的目标是如何实现的。

支持策略的运用

正如前文所述，关联式辅导的一个核心特征是，支持教师运用在集体专业学习中讨论到的策略。因此，在教师的课堂上，教练有意识地精心示范目标能力，与教师合作来帮助教师运用具体策略，促使教师独立应用新知识，并持续加强教练与教师的关系。指导方式如图 8.5 所示。

教练通过亲身参与实现这些目标。一进教室，教练不会坐在后面悄悄地潦草记录，也不接手教学。相反，教练是积极主动的观察者，他和幼儿们互动，和全班一起参与一天的活动，支持教师的教学计划与一日常规。另外，通过卷起袖子，参与幼儿与教师的生活，表达对所学所见的理解，教练将进一步与教师的经验建立关系，与教师形成更深入的人际关系。这为教练赢得了信任，这种信任在其后续的反思性讨论、未来的课堂观察与指导和涉及教师的集体学习中将充分发挥作用。

示范

- 开设示范课
  - 例如示范一次互动朗读
- 展示集体学习中讨论的策略（抓住教育契机）
  - 例如表扬幼儿的努力、使用具体而积极的语言、有礼貌地与班级中其他教师互动

合作

- 合作教学
  - 例如支持教师实施在集体学习中制订的计划
- 解决问题
  - 例如，当教师尝试一种新策略时，即时讨论教师的疑问
- 合作观察
  - 例如与教师一起留意幼儿对策略的反应

赋能

- 注意并赞扬新策略的使用
  - 例如竖起大拇指或热情而会意地微笑（不要用语言互动打断课堂流程）
- 鼓励使用集体学习中讨论的策略
  - 例如，当教师向教练寻求指导时，用提示或问题来回应，以支持教师回忆相关的学习内容

建立关系

- 认可教师的经验，避免评判
  - 例如，在从一项活动艰难地过渡到下一项活动之后，表达当天的这些工作（对我们所有人）有多艰难
- 尊重并遵守课堂规范和要求
  - 例如，当教师提醒幼儿他们有责任把使用过的材料放好时，要鼓励幼儿遵循这一要求（教练不要自己把材料放好而破坏要求）
- 帮助推进班级常规活动
  - 例如擦桌子、准备材料和支持过渡环节
- 逐渐了解班里的幼儿
  - 例如了解幼儿的名字和兴趣，建立关怀的关系，让大家知道你和教师一样支持班级的规则和活动

图 8.5　课堂中的指导方式

深入理解教师的经验

在课堂观察与指导期间，当教练采取亲身参与的方法提供课堂支持时，他在同步地“观察”——与课堂互动、过程和动态保持同步。这些观察为教练理解教师的生活经验奠定了基础，使他具备做计划、解决问题和制定策略所需的深入见解。否则，教练的指导，无论如何基于研究，或在其他机构中如何有用，都可能不可行、不相关或不足以真正支持和促进教师的实践。

在教室中，观察只是深入理解教师日常经验的第一步。教练必须通过反思已观察到的情况来跟进观察。大多数情况下，这种反思是通过记笔记来实现的——正式地记录关键的观察结果，这样做还可以加深理解。这些即时的笔记记录了课堂观察与指导，并且对于教师和教练后续反思性对话的重点和细节有重要影响。随着时间的推移，教练将收集一系列笔记，这些笔记可用于追踪教师的进步，识别教师的发展过程，甚至班级中任何与压力有关的情况。然后，教练可以回答这样的问题：教师在哪些方面表现出努力和进步？教师面临的挑战有哪些？集体学习如何更好地与教师的需求和环境相匹配？这位教师的经验与集体学习（或专业学习共同体）中的同事有什么相似或不同之处？

创建一个能够达到这些目的的培训笔记合集并不需要大量的写作，但它需要教练连续记录相关细节，以便为他对课堂观察与指导的分析奠定基础。在工作中，我们发现包含以下内容的辅导笔记是最有用的：

- 有逻辑的信息，包括观察的时间和日期以及观察到的活动和常规；
- 运用集体学习中所讨论的策略的实例；
- 错失机会，没能运用集体学习中所讨论的策略的实例；
- 在专业学习范围和流程的目标与内容的有关方面，教师或幼儿遇到困难的实例。

图 8.6 和图 8.7 提供了记录观察结果的提纲示例。在使用这些提纲时，领导者会发现，教练的课程观察与指导并非适用于提纲的各个模块，只需要完成有用和相关的部分。

课堂观察与指导前的笔记与提示

计划的日期与时间： 目标： 我的计划：

课堂观察与指导

日期：________ 时间：________ 观察的活动 / 常规：____________________

课堂观察与指导后的笔记与反思

观察到的与集体学习的联系

运用的策略与活动	
可能起到帮助作用的策略与活动	
指向目标的努力与进步	
挑战	

对于自身实践的考虑

我在这次课堂观察与指导过程中有哪些挑战和优势？

后续讨论的准备

我有什么问题要问教师，可以提出什么想法？

图 8.6 关联式辅导的观察提纲

描述课堂观察与指导情况

你的目标和期待是什么?

进行了哪些活动与常规?

在适当的情况下，运用了集体学习中的哪些想法或策略?

你注意到幼儿在做什么?

你在自己的实践中注意到了什么?

反思课堂观察与指导情况

- 具体来说，哪些事情进展顺利? 你的行为是如何促成这些经历的?

- 具体来说，哪些事情具有挑战性? 你认为，为什么会出现这些挑战?

将反思与行动相关联

你下一步要做什么? 集体学习中的哪些想法或策略可能有用?

辅导如何支持你的计划?

下一次课堂观察与指导:

日期与时间:

目标:

图 8.7　关联式辅导的讨论提纲

策略 2：与教师共同反思和规划

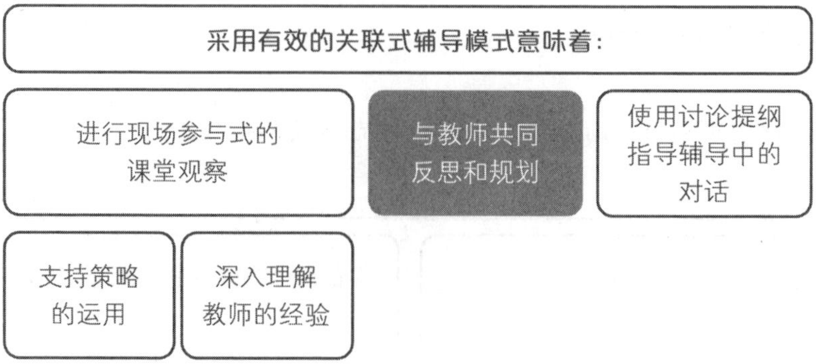

将关联式辅导付诸实践的第二个策略是，与每位教师就课堂观察与指导期间的互动、过程和教学进行个性化讨论。讨论应紧接着课堂观察与指导（最好是在几天内），这非常有利于充分利用课堂观察与指导提高教师的能力。如前一节所述，教练进行课堂观察与指导的主要目标是支持教师使用策略，并促进他们对课堂经验的深刻理解。教练和教师之间的后续讨论将进一步实现这些目标，以共同的课堂经验为基础，基于观察共同反思和规划。

在这种模式中，反思是个性化辅导对话的核心。我们所说的“反思”，是指对共同的课堂经验进行仔细、周全的思考，目的是更好地理解和学习这些经验。这些讨论与科斯塔和加莫斯通（Costa & Garmston，2002）的“认知辅导”（cognitive coaching）模式有相似之处，教师通过这一方式能够：

- 反思课堂上的特定时刻
- 调整自己的专业反思技能

为什么在讨论中关注反思？回想一下，反思是本书第一部分讨论的教师核心能力的一个方面（见图 8.8）。无论是在情绪、关系还是教学反应和行动领域，这种元认知策略对于自我意识和意图都是必不可少的。例如，当教师反思自己的情绪反应时，他们的情绪意识开始成长为对情绪的理解，因此他们开始意识到情绪“热点”在一天中经常出现的时间或情况，并采取必要的措施来恢复镇定。同样，当教师反思自己对执行功能策略的运用时，他们也在深入理解教学计划和课堂决策如何与幼儿的学习和参与相联系。

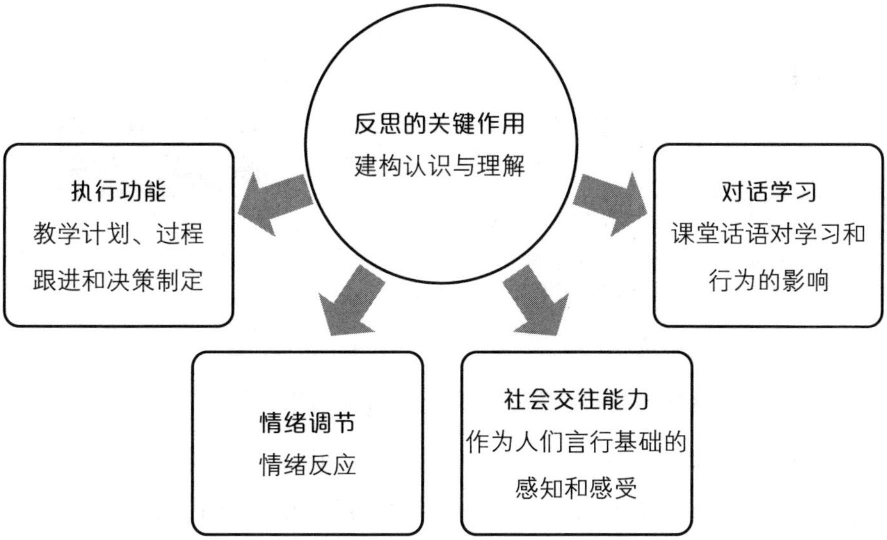

图 8.8　重新审视反思在核心能力中的作用

计划本身是课堂执行功能的一个重要组成部分，是对个别教师需求和目标的回应。教练和教师通过共同反思来一起制订计划、解决问题，进而探知未来的行动。制订好的计划可以用来支持教师核心能力的发展，无论计划是运用情绪管理策略，还是在一天中的特定时间鼓励幼儿交谈，或是更好地与同事合作。

来自现场的声音

个性化的辅导讨论

“教练帮我制定了本周目标，并看我是否战胜了这些目标。”

“我经历了很多，我向教练敞开心扉。她很耐心地倾听，这对缓解压力和挫败感大有帮助。”

策略 3：使用讨论提纲指导辅导中的对话

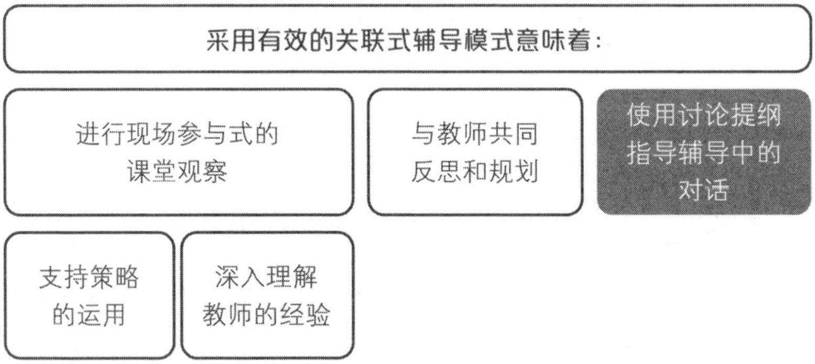

在工作中，教练和教师使用共享记录中的提纲为反思性谈话提供一个结构（见图 8.7）。这一记录列出了一系列步骤和问题，并为教练和教师留下了记录其见解的空间。提纲中列出的问题是针对教师的，用以鼓励教师分享和反思，之后教练会添加自己的意见。提纲的定位有助于支持教练采用一种伙伴关系的方法，教练和教师都能努力参与到反思和规划中，并分享有价值的想法。

提纲首先围绕课堂观察与指导确定对话方向。要形成诚实、共享的叙述，首先教师要总结课堂观察与指导期间发生的具体事件、活动和互动，包括他注意到孩子们在做什么、自己的指导和反应，以及具体来说，他是如何把在集体学习中学到的策略付诸实践的。然后，教练将自己的评论添加到教师的观察中，确保他们的看法是一致的。

一旦教练和教师对课堂经验有了共同的理解——这种经验被简要地记录在共享提纲中——这种共同的观点就是共同反思的起点。首先，教练可以使用宽泛的、反思性的提示，例如：

- 具体来说，哪些事情进展顺利？你的行为是如何促成这些经验的？
- 具体来说，哪些事情具有挑战性？你认为，为什么会出现这些挑战？

随后，教练的问题变得更有针对性，引导反思性对话沿着多种反思路径中的一种进行。如图 8.9 所示，对话可能集中于一个或多个核心能力。教练的后续提示回应教师的目标和需要，引导谈话朝着增强这些能力的方向发展。图 8.9 提供了辅导中的提示示例。

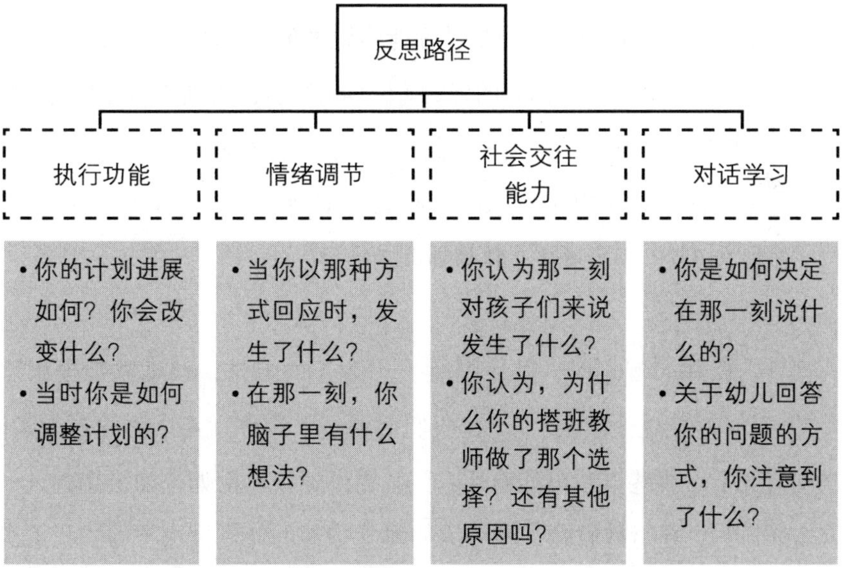

图 8.9　个性化的辅导会话：反思路径与辅导提示范例

这些从合作反思过程以及共享的辅导对话记录中获得的深刻见解，接下来将成为制订特定课堂需求解决计划的出发点。因此，讨论提纲的最后一部分聚焦于计划和问题解决，这个阶段可以（而且应该）采取多种途径。例如，如果反思过程侧重于将教师遇到的挑战分为教师可控范围内和可控范围外的挑战，那么教练和教师可以利用讨论中的计划阶段，探讨教师在自己控制范围内如何预测这些挑战，并使用策略来避免这些挑战的出现（见第2章）。另一方面，如果教师担心在紧张的课堂中，不断上升的压力水平会影响自己的反应方式（例如用不合理的严厉言语或威胁回应幼儿情绪的爆发），那么教练和教师可能会侧重于情绪管理策略（见第3章）。

无论重点是什么，教练都会继续采用一种以伙伴关系和关联为特征的方法。教练将对话定位为专家之间的对话，以示教师和教练都是有价值的，可以提供有用的见解和想法。因此，在反思过程中，教练积极倾听，以便：

- 寻求解释（即提出问题，如“你能多说说你的意思吗？”）；
- 传达自己对教师分享内容的理解（例如解释自己听到的内容并表达同理心，解释“听起来像是当孩子们________，你感觉到了________。”）；
- 通过（谨慎地）提出自己的一些见解（例如“我还注意到________，你怎么认为？”）来补充教师强调的内容。

然后，在共同规划时，教练继续采用合作的方式，鼓励教师提出想法（即“你如何解决这个问题？”“让我们回顾一下集体学习中讨论过的策略。在这种情况下，哪些方法可能有用？”），提供建议（例如“如果您尝试……会怎么样？”），并请教教师，教练应如何支持他的计划推进（即“我下次去你们班时能做些什么？”“我们如何利用集体学习帮助你实现目标？”）。

总结：引领有效的关联式辅导

与任何专业学习方法一样，实施有效的辅导需要计划和时间。人际关系的发展需要时间，教练如果评估个人和集体的优势，并确定学习周期的某一阶段要集中在哪个领域，就需要时间来充分理解与认识教师在班级环境中和组织中的情况。就此而言，教师也需要时间了解教练的实际经验，逐渐尊重他并建立信任，这样从幼儿教师最终到幼儿都能从这段关系中获益良多。幼儿教育领导者可以通过承认和保护这种时间投资，并在建立重要基础的过程中保持耐心，推进工作的进行。

同样重要的是，要认识到教练不是评价者。换言之，关联式辅导的关系是一种以安全、有益的方式培养教师能力的手段，而不是一种找出教师的弱点，然后与教育领导者分享信息以进行评估的手段。幼儿教育领导者应维护这种关系的神圣性，可以通过参加专业学习，或一到两周与教练会面一次来保持联系，从而保持知情、参与和支持，而不是向教练询问任一教师的能力或表现，把别人置于潜在的尴尬或脆弱的境地。

幼儿教育领导者还应记住，教练可能需要依靠领导者们，从而在机构中与教师建立有效的关联式辅导模式。毕竟，每个机构都是不同的——每个人也是如此！幼儿教育领导者应该乐于在设计和实施专业学习方法的方方面面（见第 6 章）支持教练——从规划（考虑整体性、持续性和立足于机构层次的数据）到实施细节（考虑覆盖范围并提供连续一致的学习空间）。每一位高效的教练都要有支持自己的幼儿教育领导者。

最后，我们也认识到，由于资源和人员的限制，幼儿教育领导者所在的机构中可能没有“真正的”教练。幼儿教育领导者当然可以促进专业学习共同体的发展并承担起教练的角色，但要从一开始就记住第 7 章和第 8 章关于信任、尊重和评价的要点。在很多案例中，优秀的园长都实施了有效的辅导。

在本书即将结束之际，我们将在第 9 章评估充分支持教师专业学习的体系准备工作，包括建立和运行关联式辅导和集体学习。但是，首先，我们鼓励领导者使用图 8.10 中的自我反思工具思考自己所在机构的辅导情况。

在关联式辅导模式中，教练……	关于目前的辅导模式，你注意到了什么	你发现了哪些模式
进行参与式的课堂观察		
支持策略的运用和与专业学习共同体的联系		
深入理解教师的经验		
与教师共同反思		
与教师合作规划		
使用讨论提纲指导辅导中的对话		

图 8.10　关联式辅导的自我反思工具

第三部分

结　语

第9章

引领21世纪的幼儿教育：通过支持教师来支持幼儿

现在是6月，探索幼儿学习中心主任梅琳达刚刚离开一间教室。她坐在办公桌前，停下来思考了一会儿，想到这次参观，她笑了起来。梅琳达到达教室时，玛丽亚正在给孩子们读书；孩子们与同伴以及玛丽亚分享想法和感受，他们的谈话非常丰富。为此，梅琳达又笑了。孩子们都在忙碌着，很明显，玛丽亚将她今年全部的学习成果学以致用，她提出了很多问题，也给孩子们许多回答问题的机会。在这个过程中，杰达和安东尼一直在一起，安东尼提出要从地毯区站起来，独自休息一下。他们两个人坐在一起，平静地呼吸。“当你坐累了的时候，站起来休息一下是很好的选择。”她说。杰达抬头看着梅琳达，眨了眨眼睛，说：“这其实对我也有帮助！”

梅琳达对过去一年取得的明显进展感到满意，但这个过程并非一帆风顺。她想起第一次带教练卡伦来时教师们的抗拒和沉默。她知道这些专业关系还处在发展中，但信任的基础显然已经建立起来。梅琳达看着日历，开始展望下一学年，思考秋天的计划。

对像梅琳达这样的幼儿教育领导者来说，没有什么经历能像这时一样令人满意和鼓舞人心了。在这一刻，以改善教和学为目的的能力建设工作的效果得以显现，并得到增强。梅琳达看着一位教师有准备地让幼儿围绕一篇文章进行高质量的谈话，让幼儿有机会互相分享，与文章建立联系，并发展认知能力。梅琳达也在教学中捕捉到了情感回应。当安东尼展现出情绪认知与理解，并能够运用策略来管理自己的行为，或进行自我调节时，杰达对安东尼使用了积极的语言和称赞（见第 5 章）。梅琳达还注意到，玛丽亚相应地做出了共情回应（见第 3 章）。特别是，玛丽亚把安东尼的选择和冷静技巧带给他的好处联系了起来。

在本书讨论的专业发展方式和过程（见第 6 章）的支持下，这一年的工作重点是增强教师的核心能力，并丰富其教育策略（见第一部分）。集体学习为教师的合作和反思提供了重要机会（见第 7 章），关联式辅导将集体学习与教师的个人实践联系了起来（见第 8 章）。

正如开篇案例那样，众所周知，成人在实践中的学习和进步是通过大量的努力、坚持、耐心实现的，每个参与其中的人都会有动力在前进的道路上克服挑战，战胜坎坷。对像梅琳达这样的幼儿教育领导者来说，达到目标的唯一途径是进行大量的规划——既要在工作之前做计划，又要在工作之后做回应。与本书所描述的专业学习相一致，梅琳达进行了深思熟虑的规划，并在过程中引导教师做出改变，学习管理人际关系。可以肯定的是，在改进教学的道路上，障碍是常见的，也是意料之中的。但是，显而易见，每个人都能从中获益。在执行功能、情绪认知和管理、社会交往能力和对话学习等领域，教师的能力得到了提高，效能感和信心也随之增强；与此同时，他们的压力水平和职业倦怠程度明显降低。这对所有人都是有益的，尤其，我们要强调这对课堂上的学习者——幼儿也有积极影响。与成人相似，幼儿的相应能力得到了明显提高，包括执行功能、社会交往能力、对情绪和行为的管理能力以及语言发展。可以说，幼儿的早期学习和发展获得了全面的提高。

提高教师能力和效率的关键在于为教师提供专业支持，发现并认同这一点只是整个过程中非常小的第一步。接下来才是根本性的转变，即如何组织机构为教师提供鲜活的学习机会，而不是把一些事件或实例简单地称为专业学习。在接下来的部分中，我们将引导幼儿教育领导者实施一个为教师量身定制的专业发展体系，以满足他们所在机构的需求。

最后一章将帮助幼儿教育领导者设计和实施本书所描述的专业学习的不同方面——最终建立一个具有持续性的专业学习体系。具体来讲，我们将呈现和描述一个学习循环，这是专业学习体系中不可或缺的组成部分，还将指出领导者可能会遇到的一些普遍障碍，并强调在促进教师改变的过程中会促使阻碍升级的常见反应。最后，我们会提出有关促进教师改善教学实践的更多资源。

实现有效设计和实施的五步学习循环

从本质上来说，实现有意义的改变归根结底在于实施，并满足有效实施的要求。除此之外，还遵循相应的步骤来支持和加强成人的工作：尝试、实践、解决难题和学习。良好的过程能激发教育工作者的成长性思维，这是达成目标所必需的。为此，我们提出了一个学习循环，作为改进工作的试金石。我们将这个学习循环应用于所有的工作中，无论是以幼儿教育机构为本的面向教师的工作，面向领导者的管理教育，还是帮助毕业生将他们的工作转化为实践和（或）制度。学习循环不仅给成人的专业学习以具体方式上的指导，还代表了一种思维习惯。这是成人可以掌握而且应该学会的一种思维习惯。学习循环（见图 9.1）由五个环环相扣的行动步骤组成：（1）注意；（2）分析；（3）构建知识；（4）计划；（5）尝试。接下来将介绍这五个步骤的内容。

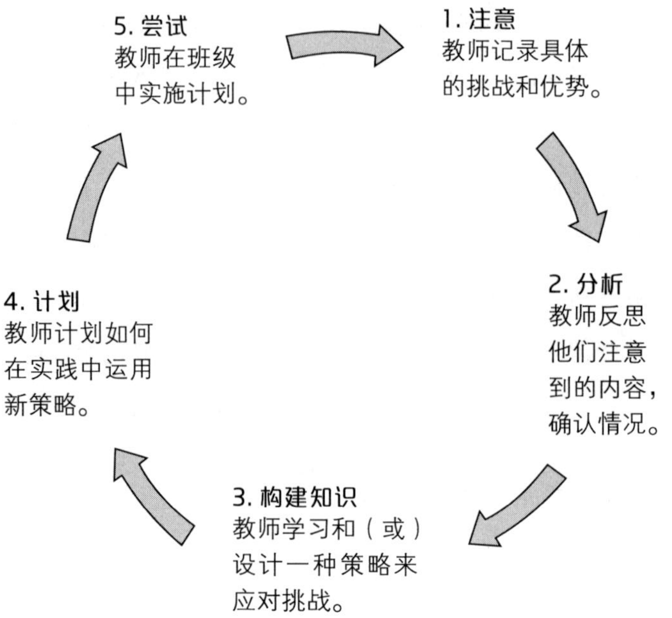

图 9.1　五步学习循环

注意

第一步的重点是帮助参与者用全新的眼光审视自己所处的机构——可以说是后退一步。这一步的重点是观察和记录日常工作中的具体挑战或改进的部分，通常使用数据，如第 6 章所述。毕竟，只有通过数据和实际记录，才能确定情况或趋势。为了充分利用时间和精力，专业学习应该聚焦于真正的挑战和需要改进的部分。而这些挑战与改进部分需要通过现状和趋势来确定。使用数据，就可以采用多种形式关注数据的种类（如班级日志、幼儿评估、机构的健康和安全数据）与重点领域（如幼儿行为、幼儿学习、班级常规和活动、教师的压力水平）。这些数据可以是能够有效收集的非正式数据，但是这些数据加起来会呈现现状和趋势，例如带有时间和日期的便利贴，上面写着幼儿几周内在日常活动中的参与程度，或者教师在某一特定事件中或定期的压力水平（见图 9.2）。

姓名：______________________　日期：______________________

1. 今天的哪个时刻特别顺利或者让你感到开心？	
是什么时候发生的？ （如区域活动时间、圆圈时间、户外自由活动时间）	
这个时候孩子们在做什么？ 你的搭班教师或者流动教师在做什么？	
你认为是什么让那一刻如此顺利？	
2. 今天的哪个时刻特别困难？	
是什么时候发生的？ （如区域活动时间、圆圈时间、户外自由活动时间）	
这个时候孩子们在做什么？ 你的搭班教师或者流动教师在做什么？	
你认为是什么让那一刻如此困难？	

图 9.2　用于注意的记录表示例

分析

幼儿教育中的许多日常工作都让人感觉很匆忙，例如做课程计划，探究从一项活动过渡到下一项活动时如何使学习时间最大化，为学习和教学做日常的领导决策和改变。很难想象，慢下来养成分析的习惯实际上有助于提高效率。但是，基本原则是，有意义的改变只能发生在重视规划、分析和更多计划的系统中。这是教师能力形成的基础，也有助于为幼儿提供高质量的环境！因此，在第二步，领导者及其团队需要运用在第一步收集的数据分析他们所注意到的情况。在这里，他们努力识别并仔细思考数据中所显示的可能的现状和趋势，或者已经观察到的具体挑战。分析得越多——换句话说，越重视“后退一步”——识别出行为和观念中的主要趋势的可能性就越大。在工作中，分析对领导者和教师来说至关重要，对教练来说更是如此。为了达到最有效的效果，教练需要积极思考他们所支持的教师的工作，以便在需求出现时及时做出回应，并相应地做出调整。

构建知识

第三步的重点是判断在已经确定的改进和挑战方面是否产生了应有的知识建构——无论是增强和深化现有知识，还是掌握关于特定技能、能力或策略的新知识。在我们的工作中，专业学习共同体是发展教师背景知识的平台（见第 7 章），通常结合专业的阅读、视频和讨论，目的是形成对某个主题或问题的共识。例如，当关注幼儿教师的社会交往能力时，我们首先讨论社会交往能力如何影响班级管理、班级人际关系质量和幼儿的社会交往能力（见第 4 章），而后才转向对具体策略的讨论。虽然在幼儿教育中该领域的目的通常是掌握具体可操作的策略，但花时间积累背景知识非常重要。它告诉了幼儿教师为什么如此，并且为接下来的工作建立所需要的认同。它还可以增进教师的专业自主性，帮助教师意识到自身的需求，认识自身所处的环境。只有在这样的状态下，教师才能考虑实现预期结果的其他途径，即使他们专注于学习和实施特定的策略。获得更多的背景知识可以引导教师知道应该寻找什么，并支持他们与幼儿和同事一起反思自己的工作。

计划

第四步是计划如何将新策略纳入日常工作和（或）实践中。计划可以有多种形式。对领导者来说，计划可能发生在领导团队的例会上。例如，在开展关联式辅导的专业学习共同体研习会上，教师可以运用相关的背景知识来计划如何应用策略。在所有形式中，我们强烈建议使用计划工具来支持新策略在日常工作中的使用（见第 2 章）。

尝试

最后一步是采取行动实施计划！当然，在有教练的情况下，当教师准备好时，教练参与并观察教师的行动是至关重要的。特别是因为在这个持续的改进周期中，教练对所有其他步骤的执行具有指导作用。例如，在许多情况下，当确定了压力点、挑战和改进方面时，教师和教练会在"注意和分析"阶段合作，改变就此发生。这一实施阶段为领导者、教练或其他处于领导或支持角色的人提供机会，让他们继续注意和分析，并考虑下一步。

在介绍完以上这五个步骤后，还有两点非常重要，值得谨记。首先，五步学习循环的运用是重复和持续的。要想实现有意义的改变，光靠一次循环是远远不够的。例如，当尝试新策略时，学习共同体将进入第五步，然后重新开始第一步，并将在新的循环中注意实施新策略所带来的积极和消极变化，这些观察结果应作为流程的一部分进行记录。为了使持续改进的过程有效，团队需要定期重复这个循环。最终，无论是对反思型领导者，还是对寻求解决问题和使影响最大化的实践者而言，学习和探究的循环都应该成为一种思维，它是日常工作的一部分。其次，值得注意的是，这个循环并不一定必须从注意这一步开始。事实上，对一些幼儿教师来说，从构建知识这一步开始可能更有帮助。在某些情况下，有效的注意取决于教师是否准备好了，是否知道该寻找什么。无论从哪一步开始，都要系统、持续地重复整个循环。

将构建知识作为五步循环的起点

让教师为注意做好准备

探索幼儿学习中心主任梅琳达正在查阅她的正式观察工具和课堂观察与指导时的笔记，并注意到一个情况：幼儿在班级活动时间参与的大多数活动都是被安排的，他们被告知在特定的时间到特定的活动区进行活动。“提供选择对幼儿的发展非常有益，有助于培养幼儿的兴趣和自主性。我想知道，为什么没有在活动时间为幼儿提供更多的选择？”梅琳达随后与该中心的教练卡伦一起计划在专业学习共同体研习会上建构教师的背景知识，让教师们认识到将选择纳入幼儿园班级的重要性，及其在认知和情感方面对幼儿的益处。梅琳达惊讶地发现，该中心的许多教师不知道选择的重要性。在专业学习共同体研习会上，他们每个人都制订了计划，将选择纳入活动时间；卡伦会在教师们实施计划时去班级中进行观察，并参与其中。教师们注意到积极的效果出现了——总体而言，幼儿更加积极主动地参与活动。同时，教师们也注意到一些挑战：几名幼儿在活动时间一直停留在角色表演区。教师们一起反思他们注意到的情况，并设计了一个策略来应对这些挑战。

改进过程中的常见障碍

可以肯定的是，实现有意义的改变和形成成长性思维不是一蹴而就的——重要的是要认识到，通往高质量的道路肯定会充满障碍。在接下来的内容中，我们指出了一些最常见的挑战和潜在的障碍，以及遇到这些挑战时可能会有所帮助的资源。我们应该认识到，每个机构都是不同的，每一类挑战根据实际情况都会有不一样的变化，如所涉及的特征、利益相关者和制度。

常见障碍 1：变化所带来的不安

要认识到任何改进都是一个变化的过程，因此需要学会在可能反对变化的人群中发展责任感，并努力转变文化本身。这些都是需要思考和规划的重要过程。具体来说，幼儿教育领导者面临的一个共同问题是应对任何新举措或改变所带来的不安。尤其是当新方案侧重于对教师提出新的要求，以及以可能（至少在一开始）令人感到不舒服的方式揭露成人日常工作和实践中的不足时。此外，本章（和本书）的主题是设计和实施一个新的专业学习体系，这可能会给教师带来不安或不满，因为他们必须重新思考和建构参与专业学习的方式。我们所描述和推荐的专业学习与教师最熟悉的"培训"模式形成了鲜明的反差——在那种"培训"模式下，教师是被动的学习者，接受所有的东西，在有可能的情况下他们会从培训中带一点什么到课堂中。

根据我们的经验，建立我们所呈现的专业学习体系和文化需要实施新的方式和过程，许下非常坚定的一致性承诺，并在执行每一步的行动时始终避免采取评价性的立场或不耐烦的态度。最关键的是，确保在大部分的专业学习中倾听和重视幼儿教师的声音，并将其作为过程中的一部分。例如，在专业学习共同体（见第 7 章）和关联式辅导（见第 8 章）中，有很好的合作学习、个性化专业学习的机会，以及幼儿教师所担心的问题得到认可和回应的渠道。此外，重视机构数据所呈现的现状（见第6章）有助于提醒教师团队，所有人都要对幼儿负责，工作的重点是集体投入和改进。

常见障碍2：成人学习者之间的冲突

许多幼儿教育领导者进入这一行业是因为他们与一个总体使命有关，即促进幼儿的学习与发展，让幼儿有一个良好开端。对一些人来说，与成人一起工作和学习，仅仅是通过高质量的幼儿学习环境来达到支持幼儿这一共同目标的一种手段，而不一定是目的本身。虽然许多领导者精通幼儿教育或更广泛层面的有效决策，但他们在成人学习和发展领域普遍面临着知识缺陷。然而，领导者的工作和成功完全取决于他们面向成人的有效工作——这需要领导者在合作、管理和专业支持领域拥有强大的能力。与成人一起工作的技能更是实施有效的专业学习体系的一部分，这包括积极主动地识别教师日常工作中的压力和同事交往中可能出现的冲突，并为之提供具有支持性的解决方案，以促进教师之间紧密的合作与交往。

培养这些技能的一个方法是将成人视为学习者。尽管成人的发展看起来和感觉上都与幼儿不同，但重要的是，要记住成人也在学习和发展之中。并且，深入地认识到成人学习的不同之处，将其与我们作为幼儿教育工作者的教育理解区分开，这是非常重要的一步。例如，对领导者来说，重要的是要知道成人参与规划自己的学习是有动力的，要知道学习应该是相关的并以问题为中心的，并且要理解，就像幼儿一样，经验这一要素是发展的关键（Knowles，1984）。此外，考虑到成人不同的学习风格，采用不同的策略来处理冲突和提供有效的反馈，并促使成人接受他人的观点，这些是在专业学习过程中指导成人时需要考虑的重要问题。

最后，进一步提高情绪认知和管理能力在与成人的合作中至关重要，并最终影响着幼儿。正如第 3 章中所述，幼儿以成人为榜样学习应对压力的方式；因此，帮助成人以反思性的有益方式应对日常压力，将有利于他们与其他成人和幼儿建立良好的关系。

常见障碍 3：专业学习机会之间的协调和连贯性较弱

提高幼儿教师能力的第三个潜在障碍是所提供的学习机会之间缺乏协调和连贯性，教师往往无法理解这些机会是如何结合在一起的，且不能够将这些机会组合在一起形成一个更大的目标。

如第 6 章所述，如今的许多专业发展培训的次数太少，过于简短，与日常教育实践脱节，缺少更为长远的目标与计划，不能为机构带来改变，进而难以有意义地改变教育实践。我们还要提醒领导者，对幼儿教师来说，学习一种实践知识和在课堂上成功实践是两种不同的成就（Zaslow et al.，2010，2011）。因此，我们强调设计有效的专业学习机会的重要性，以反映本书所描述的 21 世纪模式。围绕特定目标进行周密的规划和思考，并持续不断地展开学习循环以支持改进，这对于防止和解决这一障碍至关重要。具体来说，有几个关键的要点值得注意。

- *对具体目标达成共识*。学习共同体中的所有利益相关者和参与者需要从一开始就对具体目标达成共识，以实现认同和合作（见第 6 章）。
- *确保有战略规划*。我们再怎么强调计划的重要性也不为过。为此，附录 9.1 提供的计划工具是有帮助的。图 9.3 显示了一个模块中要探讨的专业学习共同体的主题示例。图 9.4 是机构专业学习流程的示例（按模块组织，并进一步细分到不同专业学习共同体）。图 9.5 至图

9.9 用以支持规划专业学习共同体的主题和内容以及衔接的顺序。

- *优先安排时间把工作做好*。我们要珍惜所花费的时间！当领导没有花时间持续地做某项工作时，这就传达了一个信息，即这项工作没有像讨论的那么重要。讨论优先事项和采取行动之间有差距的话，就要引起注意了。进步和影响始于留出时间——它标志着专业精神，形成凝聚力，并支持朝着共同目标而努力的承诺。
- *让教师有时间在适当的支持下实践*。激励教师坚持运用新策略是一个巨大的挑战。因此，我们采取学习循环的方式，包括另一个成人（如教练或引导者）对实践和应用的支持，同时他也扎根于日常工作中。

常见障碍 4：缺乏对过程的关注

无论是否有国家政策和战略来支持幼儿教育从业者，幼儿教育领导者都在主导着幼儿教育机构的工作或承担教师中的管理角色，他们都可能思考如何提高幼儿教师的基本能力。在规划这项领导工作时，需要考虑的关键内容是方式和过程。方式是任何计划或战略中有形的、具体的部分，我们可以在日常工作中看到它们。例如，专业学习共同体活动中的课程材料、员工会议、评估和文件。另一方面，过程是无形的，不容易被看到，但正是它们使这些方式变得有效。它们是方式应用得当所产生的交互和实践；与持续学习相关的是过程，而不是方式。例如，思考一下教师可以用来记录他们情绪反应的工具（见第 3 章）。在这种情况下，实际的记录工具就是方式，过程则包括注意、反思、解决问题、与同事讨论、引导者的反馈以及做出改变的行为——所有这一切都因一系列的方式应用得当而成为可能。

最重要的是要明白，每种方式都需要过程，每个过程都需要方式。教师需要有效的支持和持续的改进。然而，不幸的是，目前的趋势是我们的改进计划和预期仅仅以方式为基础。这个领域中还没有习惯关注和阐明与方式相伴随的过程。因此，对领导者来说，要避免的误区是给教师一个工具或一套工具，并要求他们使用这些工具，而不同时推进过程，促使他们进行计划、合作、反思和改进。缺乏对过程的关注是导致改进结果常常令人失望的一个主要原因。正是方式和过程的结合创造了有意义的、持久的变化。

总结：引领 21 世纪的幼儿教育

提高幼儿学习环境的质量，首先要对教师进行投入，他们每天与幼儿密切接触。主要的投入是采用一种新的专业学习模式，以适应当前环境，并满足教师的需求。这种模式注重提高教师的能力，嵌入学习循环，增加集体学习机会，使用提纲和工具进行有策略的规划和合作，以及持续支持各地机构的实践和应用。这种新模式培养成人的成长性思维，聚焦于日常的教学，使教师在迎接挑战中看到机遇，并积极面对前进道路上的压力和障碍。如今的幼儿教育领导者在着手那些重要的日常工作以领导高质量学习环境的同时，应赋能其他领导者和幼儿教师来共同承担工作，并形成成长性思维。通过这样做，他们将开辟一条更清晰的道路，实现有效的学习和发展，让更多的幼儿有机会获得高质量的早期教育。

附录 9.1　计划安排与宏观计划工具

专业学习共同体	教师将做什么	为什么重要
专业学习共同体 9：分析课堂压力源	检查个体对压力的常见反应中观念、情绪和行为之间的联系	当教师能够确认观念是如何影响他们的情绪和行为时，他们就可以开始建立更健康的思维模式
专业学习共同体 10：介绍大脑在压力中的作用	将之前研讨会的信息汇集在一起，理解大脑在压力中的作用	支持教师理解大脑在压力中的作用，可以普及对压力的常见反应，减少孤立感
专业学习共同体 11：大脑如何应对压力	识别压力反应过程中大脑不同部分被激活的方式	教给教师关于大脑各个部分的知识，增强教师的能力，帮助教师从被动反应到主动应对压力
专业学习共同体 12：改变思维来管理压力	使用健康的思维模式作为激活大脑适应性应激反应的策略	观念影响情绪和行为，教师使用健康的思维模式能够促进对课堂压力的适应性反应

图 9.3　模块 3 专业学习共同体的主题示例：运用脑科学知识管理课堂压力

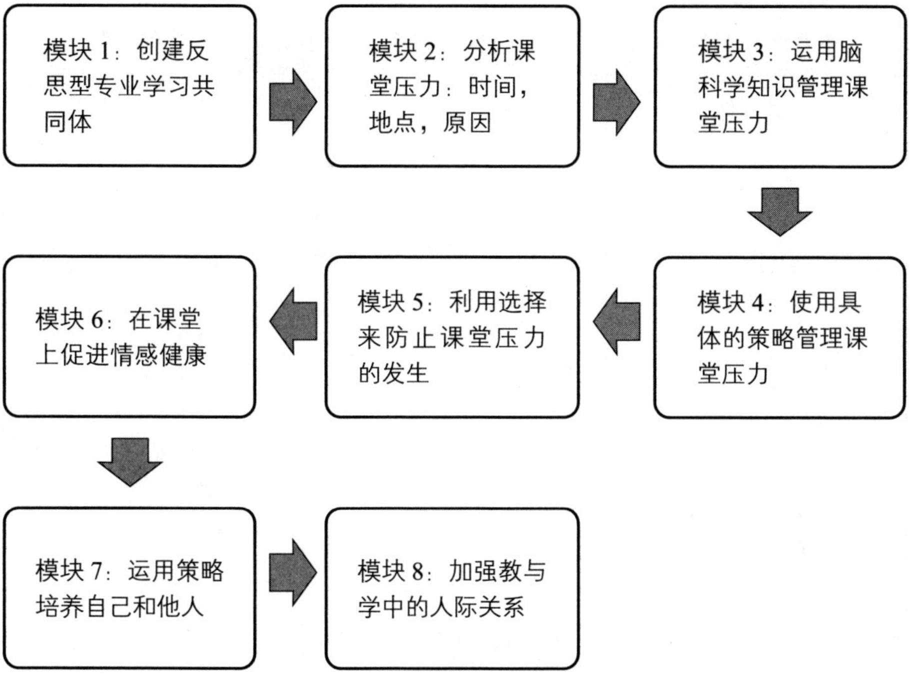

图 9.4　增强幼儿教师能力的专业学习流程示例

专业学习共同体	教师将做什么	为什么重要
专业学习共同体 1:		
专业学习共同体 2:		
专业学习共同体 3:		
专业学习共同体 4:		

图 9.5　专业学习共同体计划工具示例

图 9.6　连贯的专业学习共同体的流程示例

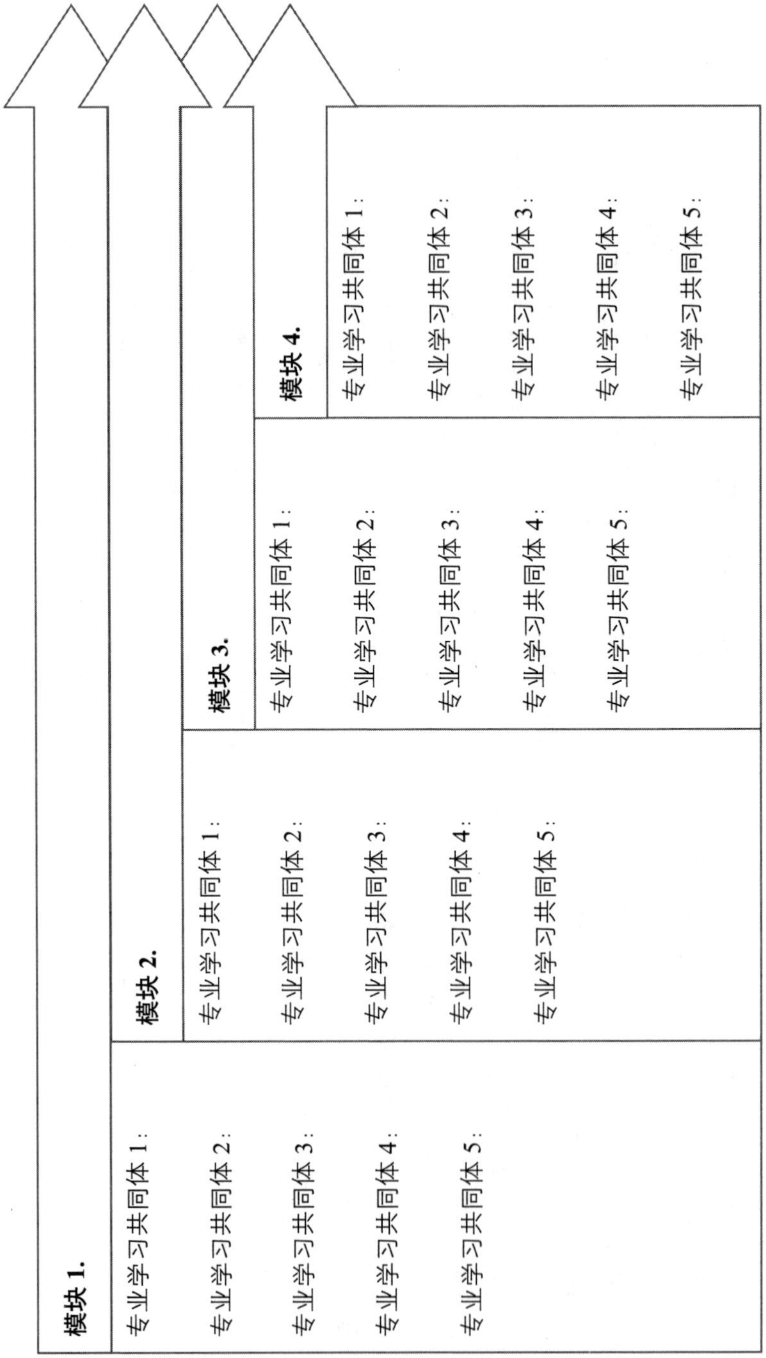

图 9.7　展示每个模块中不同专业学习共同体里教师能力提升计划的流程模板

专业学习共同体 4： 注意我们是如何回应课堂互动的

教师将做什么		为什么重要
开始通过注意和分析检查自己对课堂互动的主动和被动反应。	→	积极讨论教师对课堂互动的各种反应可以让他们更多地意识到自己何时需要更多的支持。

热身日志提示： 写下你在本周幼儿自画像活动中注意到的一件事。

材料：

- 五步学习循环贴画
- 图书《我多彩的日子》(*My Many Colored Days*)
- 书签"想一想，找朋友说一说"

> **引导者提示 / 提醒**
>
> 在运用幼儿发展的基本原则方面，教师们会有不同程度的理解和体验。在引入五步学习循环时，一定要考虑所有教师可能具备的水平。

研讨环节：

1. 汇报"自画像"活动。

- 使用汇报提纲，与教师讨论"自画像"活动是如何与幼儿一起进行的。
- 询问教师注意到了幼儿自画像的哪些内容（回顾热身日志提示）。

2. 介绍五步学习循环并回顾前两项内容。

- 解释一下在合作中，重要的是大家对有关幼儿发展的最新研究有相同的理解。
- 告诉教师，我们将遵循五个基本原则，并将它们作为指南。
- 介绍前两个原则：学习是社会性的，称赞应具体而频繁。

3. 大声朗读《我多彩的日子》，描述并表达情绪。

- 请教师用《我多彩的日子》，与幼儿一起想一想，找朋友说一说，这有助于幼儿专注于讨论情绪。
- 当我们支持和教幼儿如何谈论情绪时，幼儿能够学会管理自己的情绪。请对此进行解释。

图 9.8　专业学习共同体活动内容示例

专业学习共同体 4：________________

教师将做什么	→	为什么重要

热身日志提示：写下你在本周幼儿自画像活动中注意到的一件事。

材料：

引导者提示 / 提醒

研讨会环节：

1. 汇报“自画像”活动。

2. 介绍五步学习循环并回顾前两项内容。

3. 大声朗读《我多彩的日子》，描述并表达情绪。

图 9.9　专业学习共同体活动内容模板

参考文献*

Badanes, L. S., Dmitrieva, J., & Watamura, S. E. (2012). Understanding cortisol reactivity across the day at child care: The potential buffering role of secure attachments to caregivers. *Early Childhood Research Quarterly*, *27*(1), 156-165.

Barnett, W. S. (1995). Long-term effects of early childhood programs on cognitive and school outcomes. *Future of Children*, *5*(3), 25-50.

Barnett, W. S., & Nores, M. (2012). *Estimated participation and hours in early care and education by type of arrangement and income at ages 2 to 4 in 2010: NIEER working paper*. New Brunswick, NJ: National Institute for Early Education Research.

Boudett, K., & City, E. A. (2014). *Meeting wise: Making the most of collaborative time for educators*. Cambridge, MA: Harvard Education Press.

Bowers, E. P., & Vasilyeva, M. (2011). The relation between teacher input and lexical growth of preschoolers. *Applied Psycholinguistics*, *32*(1), 221-241.

Brooks-Gunn, J., & Duncan, G. (1997). The effects of poverty on children. *The Future of Children*, *7*(2), 55-71.

* 为了环保，也为了节省您的购书开支，本书参考文献不在此一一列出。如果您需要完整的参考文献，请通过电子邮箱 1012305542@qq.com 联系下载，或者登录 www.wqedu.com 下载。您在下载中遇到问题，可拨打 010-65181109 咨询。